Silke Heimes

Regenbogenbandwurmhüpfer

**Kreatives Schreiben
für Kinder und Jugendliche**

Vandenhoeck & Ruprecht

Bibliografische Information der Deutschen Nationalbibliothek

Die Deutsche Nationalbibliothek verzeichnet diese Publikation in der Deutschen Nationalbibliografie; detaillierte bibliografische Daten sind im Internet über http://dnb.d-nb.de abrufbar.

ISBN 978-3-525-40211-5
ISBN 978-3-647-40211-6 (E-Book)

Umschlagabbildung: Kunstprojekt des Waldmäusekindergartens St. Elisabeth, Pfinztal 2008. Projektleiterin: Thekla May-Schumacher

Satz: Schwab Scantechnik, Göttingen
Druck und Bindung: ⊕ Hubert & Co, Göttingen

Inhalt

Vorwort

Kinder und Jugendliche haben eine natürliche Affinität zur Sprache und zu Geschichten. Das durfte ich immer wieder erfahren, das hat mich immer wieder aufs Neue fasziniert, das habe ich stets bewundert. Sprachliche Phänomene, die Erwachsenen zuweilen Schwierigkeiten bereiten, sind für Kinder und Jugendliche oft kein Problem, ohne weiteres erfinden sie ein Oxymoron nach dem anderen, wie beispielsweise *eisiges Feuer*, und freuen sich an dieser außergewöhnlichen Bezeichnung für eine solche an und für sich einfache Wortfigur. So lange Kinder und Jugendliche noch nicht von der Schule für die Sprache und Schrift verdorben wurden, gehen sie unbeschwert an die Schreibübungen heran, und sogar nach einer schulischen Reglementierung finden sie meist mühelos zurück zu einer ganz eigenen Sprache.

Kinder und Jugendliche haben eine ausgeprägte Imaginationskraft und absolut kein Problem, sich vorzustellen, dass ein Stuhl und ein Tisch in eine heftige Diskussion verwickelt sind. Auch fällt es ihnen leicht, sich auszumalen, sie trügen einen Umhang, der sie für vierundzwanzig Stunden unsichtbar macht. Gleichgültig, wie alt Kinder und Jugendliche sind, ihre Freude am Geschichtenerfinden und Schreiben lässt sich leicht und schnell anregen. Ein klitzekleiner Impuls und schon legen sie los, erforschen die Sprache und experimentieren mit ihr, haben Spaß am Verdrehen von Silben und Erfinden neuer Worte und Zusammenhänge. Die daraus entstehenden Texte der Kinder und Jugendlichen öffnen den Blick für Ungewöhnliches und entführen in spannende Welten.

Dieses Buch richtet sich an alle, die gerne schreiben, phantasieren und Freude an der Sprache und dem Experimentieren haben. Es ist geeignet für die Arbeit von Erwachsenen mit Kindern (Eltern, Erzieher, Pädagogen, Lehrer, Schreibgruppenleiter, Heilpädagogen,

Kunsttherapeuten, Psychologen, Ärzte) und natürlich für die Haupt-
akteure selbst, die Kinder und Jugendlichen. Auch wenn sich die
theoretischen Teile eher an Erwachsene richten, können sie doch
auch von Kindern und Jugendlichen problemlos verstanden werden.
Wer lieber gleich mit dem Schreiben und Phantasieren anfangen
will, kann die Theorie selbstverständlich überspringen, sie zu einem
späteren Zeitpunkt lesen, zum Nachschlagen verwenden oder ganz
einfach weglassen.

Die Übungen eignen sich sowohl für die Arbeit mit Kindern
und Jugendlichen als auch für das selbstständige Schreiben von
Kindern und Jugendlichen. Dass die jungen Autoren in den Texten
direkt angesprochen werden, hat zwei Gründe: Zum einen sollen
die Kinder und Jugendlichen, die doch die Hauptpersonen sind, im
Mittelpunkt stehen, zum anderen sollen die Übungsanleitungen den
Erwachsenen, die mit Kindern und Jugendlichen schreiben wollen,
als unmittelbare Vorlagen dienen. Die Übungen können sowohl mit
Einzelpersonen als auch mit Gruppen durchgeführt werden. Dabei
kann man alle Teilnehmer einer Gruppe zum gleichen Thema einen
Text verfassen lassen, wodurch ein großes Spektrum des Schreib-
und Denkmöglichen sichtbar wird, oder man kann einzelnen
Gruppenteilnehmern unterschiedliche Übungen geben, was auf
andere Weise eine interessante Dynamik auslöst. Oder man vergibt
Teilaspekte der Übungen an einzelne Personen, so dass beispielsweise
einige von ihnen die Figuren einer Geschichte entwickeln, während
sich andere den Handlungsverlauf ausdenken und wieder andere
entscheiden, an welchen Orten die Erzählung spielt. Sowohl die
Einzel- als auch die Gruppenarbeiten haben ihren Reiz und führen
zu ganz unterschiedlichen spannenden Ergebnissen.

Ich hoffe, dass diejenigen, die mit diesem Buch arbeiten, beim
Durchführen der Übungen genauso viel Spaß haben wie ich beim
Ausdenken und Schreiben hatte. Über Ideen, Anregungen und
Texte freue ich mich und wünsche viel Spaß beim Schreiben und
Phantasieren.

info@sike-heimes.de   www.silke-heimes.de

Kindliche Entwicklung

Seit einiger Zeit kommt dann und wann der kleine, fette
König Dezember II. in mein Haus, der nicht länger ist
als ein Zeigefinger und so fett, dass sein winziger roter
Samtmantel mit dem dicken, weißen Hermelinbesatz sich
vor dem Bauch nicht mehr schließen lässt. Als er mich
zum ersten Mal besuchte, sagte ich: »Bei uns wird man
klein geboren, und dann wird man größer und größer,
manchmal so groß wie ein Basketballspieler. Zum Schluss
schrumpft man wieder ein bisschen ein. Dann kommt
der Tod und man ist weg.« »Das ist unlogisch«, sagte der
kleine König und biss dem (Gummi-)Bärchen die rechte
Pfote ab. »Warum ist man nicht am Anfang ganz groß und
wird immer kleiner und kleiner und verschwindet zum
Schluss – einfach, weil man unsichtbar ist?« »Ich glaube,
der Bundesverband der Bestattungsunternehmer ist dagegen«, sagte ich. »Bei uns ist es aber so«, sagte der König.
»Mein Vater, der König Dezember I., war eines Tages so
klein, dass ihn sein Diener morgens im Bett nicht mehr
finden konnte. Noch am selben Tag wurde ich zum König
gekrönt.«

Axel Hacke, Der kleine König Dezember

Dieses Buch bezieht sich vorwiegend auf das kreative Schreiben. Deswegen können die zahlreichen, vielfältigen und spannenden Aspekte
der kindlichen Entwicklung nicht auch nur annähernd angesprochen
und angemessen dargestellt werden. Jedes angerissene Thema könnte
alleine mehrere Bücher füllen. Die hier eingefügten Hinweise können
lediglich einen Einblick in die überaus komplexen Zusammenhänge
geben und eine Ahnung vermitteln, wie überwältigend vielschichtig
und faszinierend der menschliche Organismus und die menschliche
Psyche beschaffen sind. Nur wenn man weiß, was bei der Entwicklung und Reifung eines Menschen eine Rolle spielt, kann man sich
bemühen, Vorraussetzungen zu schaffen, die es erlauben, dass ein
Mensch das volle Spektrum seiner Möglichkeiten und Fähigkeiten
entdeckt, erlebt und entfaltet. Verläuft die Entwicklung eines Kindes
normal, werden einem die einzelnen Entwicklungsschritte oft gar

nicht bewusst, da man sie als selbstverständlich betrachtet. Meist werden die einzelnen Entwicklungsphasen erst genauer betrachtet, wenn vermeintliche Defizite auftreten. Doch auch zur angemessenen Förderung von Kindern und Jugendlichen ist es hilfreich, etwas über deren Entwicklung zu wissen.

Wahrnehmung und Bewegung

Sowohl Wahrnehmung als auch Bewegung bilden die Grundlage für die Entwicklung geistiger Fähigkeiten. Nur durch Bewegung kann ein Säugling auf Veränderungen in seiner Umwelt reagieren und einwirken. Er kann sich auf etwas zu- oder von etwas wegbewegen, mit Hilfe seiner Hände Veränderungen in der Umgebung bewirken und mittels Gestik und Mimik Gefühle und Gedanken zum Ausdruck bringen. Für diese Aktivitäten bedarf es zielgerichteter Bewegungen, die vom Zentralnervensystem gesteuert und koordiniert werden. Die enge Verknüpfung von Wahrnehmung und Bewegung wird deutlich, wenn ein Säugling, lange bevor er in der Lage ist, sich selbstständig zu bewegen oder einen Gegenstand zu ergreifen, Augen und Kopf bewegt, um ein Objekt zu fixieren oder ihm nachzuschauen.

Die ersten Bewegungen finden bereits in der Gebärmutter statt. Durch Ultraschallbilder lassen sich ab der zehnten Schwangerschaftswoche spontane Bewegungen des Ungeborenen nachweisen; ab dem fünften Schwangerschaftsmonat werden die Bewegungen des Föten von der Mutter deutlich gespürt.

In den ersten Lebensmonaten bestehen die motorischen Reaktionen des Säuglings vorwiegend in ungerichteten Bewegungen wie Strampeln und Greifen. Es gibt aber auch einzelne zielgerichtete Bewegungen wie das Ausrichten des Körpers beim Hören von Stimmen oder beim Anblick von Gesichtern. Der Säugling reagiert zuerst auf sich nähernde Objekte, während er Objekte, die sich entfernen, erst zu einem späteren Zeitpunkt erfassen kann, was mit der Entwicklung des räumlichen Sehens zusammenhängt.

Von Anfang an gibt es Ansätze zu einem interaktiven Verhalten zwischen Säugling und betreuender Person wie beispielsweise die Gleichschaltung rhythmischer und mimischer Bewegungen des

Neugeborenen mit dem Sprechrhythmus des Erwachsenen. Viele der Verhaltensweisen des Säuglings werden von den betreuenden Personen als spezifische Kontaktaufnahme interpretiert und helfen, das Überleben des Säuglings zu sichern.

Kindliches Sinnessystem

Zwischen dem dritten und neunten Schwangerschaftsmonat können Föten hören und haben sogar schon Vorlieben und Abneigungen; wird es um sie herum laut und lärmend, werden sie unruhig und treten gegen die Wände der Gebärmutter, während sie sich durch leise, sanfte Töne beruhigen lassen. Die Musik, die Föten in der Gebärmutter hören, hat sogar einen Einfluss auf ihren späteren Musikgeschmack. Die Bewegungen der Mutter übertragen sich auf den Föten und sind maßgeblich an der Entwicklung des kindlichen Sinnessystems beteiligt.

Von Geburt an nimmt der Säugling seine Umwelt mit allen Sinnen wahr. Er setzt sich mit der Umgebung, Gegenständen und Handlungen auseinander und zeigt ein ausgeprägtes Bedürfnis, sich die Welt vertraut zu machen, Zusammenhänge zwischen eigenem Verhalten und Umweltreaktionen zu entdecken und die Umwelt zu beeinflussen. Mit der Geburt sind alle Sinnessysteme grundsätzlich funktionsfähig. Der Säugling kann sehen, hören, schmecken, riechen und fühlen. Er erkennt die Mutter an ihrer Stimme und ihrem Geruch, kann die Geschmacksrichtungen süß, salzig und sauer unterscheiden und verfolgt mit den Augen bewegte Objekte. Zudem hat er schon eine Vorstellung von Selbst und Objekt, kann zwischen sich und seiner Umwelt differenzieren, zwischen Eigen- und Fremdberührung, selbsterzeugten Lauten und Geräuschen aus der Umwelt und zwischen Ereignissen, die er selbst verursacht, und jenen, die unabhängig von ihm eintreten.

Die Sinnesempfindungen sind bei der Geburt unterschiedlich stark ausgeprägt. Einzelne Sinnesbereiche, wie zum Beispiel das Sehen, und hier insbesondere die Sehschärfe, müssen noch reifen. Auch die Fähigkeit, einzelne Sinnesreize zu verarbeiten, einzuordnen und darauf zu reagieren, muss der Säugling noch entwickeln.

Im Zusammenwirken von Reifung und Anregung erweitert und
verfeinert der Säugling im Verlauf des ersten Lebensjahres seine
angeborenen Fähigkeiten; dabei sind Berührungen ebenso wie das
Hören menschlicher Stimmen und das Anschauen von Gesichtern
Sinnesreize, die die sinnliche Wahrnehmung anregen.

Die Sehfähigkeit

Das menschliche Auge ist unmittelbar nach der Geburt in der Lage,
Helligkeitsunterschiede wahrzunehmen. Die Entwicklung der Hel-
ligkeitswahrnehmung ist in der Regel im Verlauf der ersten beiden
Lebensmonate abgeschlossen. Ab diesem Alter können Säuglinge
Rot, Orange, Grün, Blau und Weiß unterscheiden. Mit fünf bis
sechs Jahren können Kinder Farben verschiedener Helligkeit und
Sättigung unterscheiden. Die Unfähigkeit zur Farbbenennung, die
oft bis ins Schulalter reicht, hängt nicht mit mangelndem Farbsehen
zusammen, sondern damit, dass entsprechende Begriffe noch nicht
verfügbar sind.

In der ersten Lebenswoche besitzt ein Säugling ein Achtel und
im sechsten Lebensmonat annähernd die gleiche Sehschärfe wie ein
Erwachsener, auch wenn das Maximum erst im zehnten Lebensjahr
erreicht wird.

Die Entwicklung des räumlichen Sehens setzt ebenfalls im ersten Lebensjahr ein und festigt sich mit zunehmender Koordinati-
onsfähigkeit der Augen. Sobald ein Kind mit drei Monaten weiter
entfernte Dinge sehen kann, beginnt es danach zu greifen. Später
wird es versuchen, eigenständig zu interessanten Gegenständen
zu gelangen. Mit acht Monaten werden Dinge, die der Säugling
zuvor überwiegend mit dem Mund und den Händen untersucht
hat, zunehmend auch mit den Augen erforscht. Mit neun Jahren
entspricht die Fähigkeit zum räumlichen Sehen der eines Erwachsenen. Allerdings ist der mit beiden Augen erfassbare Bereich, das
so genannte Gesichtsfeld, bis zum zwölften Lebensjahr seitlich noch
um dreißig Prozent eingeschränkt.

Die Hörfähigkeit

Das Gehör bildet sich, wie bereits erwähnt, während der Schwangerschaft aus und ist beim gesunden Neugeborenen voll funktionsfähig. Die Empfindlichkeit für die Bandbreite menschlicher Sprachlaute ist beeindruckend. Innerhalb der ersten zwölf Lebensstunden kann die Stimme der Mutter von anderen Stimmen unterschieden werden; ab der vierten Lebenswoche sind Säuglinge in der Lage, Vokale zu differenzieren. Die volle Hörfähigkeit entwickelt sich allerdings erst bis zum dritten Lebensjahr. Durch Reize lernt das Gehirn, Hörinformationen zu verschärfen und zu deuten.

Sprachliche Entwicklung

Die sprachliche Entwicklung, die ein ausreichendes Hörvermögen voraussetzt, ist für die gesamte Entwicklung des Kindes, so auch für das Lesen- und Schreibenlernen, von großer Bedeutung. Sprachliche Fähigkeiten helfen dem Kind, die Umwelt zu erfassen, mit Menschen in Kontakt zu treten, Beziehungen aufzubauen und Gefühle auszudrücken. Bereits vor der Geburt sind die Sprachzentren im Gehirn vorhanden und ermöglichen das Verstehen und Verarbeiten von Sprache; auch sind die für das Sprechen wichtigen Organe und Muskeln ausgebildet.

In welchem Alter ein Kind zu sprechen beginnt, wie schnell es seinen Wortschatz erweitert und ab wann es Sätze bilden und Wörter richtig aussprechen kann, ist von Kind zu Kind unterschiedlich. Die Mehrzahl der Kinder spricht die ersten Wörter mit zwölf bis achtzehn Monaten; bei zweijährigen Kindern liegt der aktive Wortschatz zwischen fünfzig bis zweihundert Wörtern. Kinder eignen sich aus ihren täglichen Erfahrungen heraus die Sprache an, die sie in ihrer Umgebung hören. Schon in den ersten Lebensmonaten entwickeln sie ein Gehör für Sprach- und Satzmelodie und die Betonung von Wörtern und erschließen sich aus der gehörten Sprache ihrer Umgebung die innere Logik und Struktur der Sprache. Um Sprache zu entfalten, brauchen Kinder sprachliche Vorbilder.

Kindliches Gehirn und Denken

Da bei der Geburt fast alle Nervenzellen vorhanden sind und die wichtigsten Verbindungen zwischen den Zellen bereits bestehen, hat das kindliche Gehirn etwa die gleiche Masse wie das eines Erwachsenen. Allerdings wiegt es weniger, weil die Nervenzellen unter dem Einfluss von Sinnesreizen erst noch wachsen und Fortsätze und Verbindungen ausbilden müssen, was dann zur Gewichtszunahme des Gehirns führt. Die Vernetzung der Nervenzellen vollzieht sich vorwiegend in den ersten zwei Lebensjahren, ist aber nie ganz abgeschlossen, was erklärt, warum lebenslanges Lernen möglich ist.

Die Anzahl der Nervenzellverknüpfungen ist bei Zweijährigen am größten, danach werden Verbindungen, die nicht benutzt werden, abgebaut oder stillgelegt, während benutzte Verbindungen erhalten bleiben und ausgebaut werden. Die Nervenzellen, die entlang sich einschleifender Bahnen liegen, werden größer, bilden stärkere Netzwerke und reagieren immer schneller und effizienter. Dadurch wird das Gehirn auf spezifische Weise organisiert.

Einfache Vorstellungen und Kausalvorstellungen

Schon mit wenigen Monaten ist ein Säugling in der Lage, verschiedene Sinneserfahrungen zu einfachen Vorstellungen zu verknüpfen. Mit etwa sieben Monaten beginnt er, erste Vorstellungen von den Dingen zu entwickeln, und kann alltägliche Gegenstände erkennen und unterscheiden. Bis zum Alter von acht Monaten existiert für den Säugling allerdings nur, was er unmittelbar sieht und erlebt. Wird etwas unter einem Tuch versteckt oder geht eine Person aus dem Zimmer, existiert beides für ihn nicht mehr. Nach dem neunten Lebensmonat kann der Säugling die Vorstellung von einem Gegenstand kurz abspeichern und beginnt zu begreifen, dass Menschen und Dinge auch dann noch existieren, wenn sie aus seinem Blickfeld verschwunden sind.

Mit zehn Monaten beginnt der Säugling, die Auswirkungen einfacher Handlungen und Zusammenhänge zwischen Ursache und Wirkung zu begreifen, und kann gezielt Mittel einsetzen, um etwas zu erreichen. Gegen Ende des zweiten Lebensjahres können

Ergebnisse einer Aktivität zum Teil vorhergesehen werden, wobei das Denken noch voll logischer Irrtümer ist, da es mehr von der Wahrnehmung als von der Logik beherrscht wird. Ab dem vierten Lebensjahr beginnt die intuitive, anschauliche Phase, in der Kinder eigene Ansichten entwickeln, auch wenn sie noch nicht in der Lage sind, sich andere Sichtweisen anzueignen.

Konkrete Denkoperationen und Abstraktionsfähigkeit

Ab dem siebten Lebensjahr können Kinder mehrere Dimensionen einer Situation betrachten und konkrete Denkoperationen durchführen. In dieser Phase besitzen sie ein Verständnis der so genannten Invarianz, das heißt, sie können in ihrem Denken bereits so weit abstrahieren, dass eine Flüssigkeitsmenge, sofern nichts hinzugeschüttet wird und nichts verloren geht, gleich bleibt, auch wenn der äußere Anschein zunächst ein anderer ist, etwa wenn man eine Flüssigkeit aus einem breiten in ein schmales Gefäß schüttet und die Flüssigkeitssäule dadurch höher erscheint. Ab dieser Phase urteilen Kinder also nicht mehr nur aufgrund ihrer Wahrnehmung, sondern zunehmend durch Logik.

Ab dem elften Lebensjahr gelingt ein weiterer Denkschritt, bei dem Kinder lernen, hypothetisch zu denken. Sind zwei Aussagen richtig, erkennen sie, dass auch die Verknüpfung der Aussagen richtig sein muss. Treffen zum Beispiel folgende zwei Aussagen zu: »Alle Menschen sind sterblich« und »Mein Vater ist ein Mensch« ziehen sie die logische Schlussfolgerung, dass auch ihr Vater sterblich sein muss. Ab diesem Alter sind Kinder in der Lage, sich mit unrealistischen Annahmen auseinanderzusetzen.

Wie Kinder schreiben lernen

Die Sprache ist die Grundlage für das Erlernen von Lesen und Schreiben. Erlebt das Kind im Sprechen, dass es etwas zum Ausdruck bringen, sich verständigen und Wünsche formulieren kann, wird es interessiert daran sein, schreiben zu lernen. Kinder müssen das

Gefühl bekommen, dass Sprache und Schrift für sie einen Gewinn darstellen, durch den sie ihren Handlungs- und Kommunikationsraum erweitern können.

Lange bevor Kinder mit dem Malen oder Schreiben anfangen, beginnen sie zu kritzeln. Dieses Kritzeln ist eher eine gestische Form, ein Experiment mit Stift und Papier und noch nicht so sehr der konkrete Versuch, Wirklichkeit abzubilden. Doch mit den Linien einer Kritzelzeichnung hinterlässt das Kind bereits eine sichtbare Spur, einen Ausdruck seiner selbst. Oft interpretieren Kinder ihre Kritzeleien selbst, geben ihnen in mündlicher Form Bedeutungen, die in den Zeichnungen selbst noch nicht zu sehen sind. Die Kritzelei ist eine erste Form der Kontaktaufnahme und der Vermittlung von Botschaften, zudem für das Kind eine Erfahrung, dass Gekritzeltes, Gemaltes und Geschriebenes eine Wirkung haben. Ganz nebenbei trainieren Kinder mit den Kritzeleien ihre Feinmotorik und bildliche Vorstellung und bereiten damit das Schreiben vor.

Auch das Vorlesen ist ein wichtiger Schlüssel beim Erlernen der Schrift. Kinder müssen gutes Zuhören lernen, um den Klang einzelner Worte zu unterscheiden. Oft schreiben Kinder, sobald sie mit dem Schreiben anfangen, lediglich die Buchstaben, die sie hören, benutzen also die so genannte Skelettschreibung und lernen erst im weiteren Verlauf, die Lautfolge eines Wortes abzubilden.

Phantastische Reisen

Die großen Leute verstehen nie etwas von selbst, und für
die Kinder ist es zu anstrengend, ihnen immer und immer
wieder erklären zu müssen.

Antoine de Saint-Exupéry, Der kleine Prinz

Kindliche Phantasie

Das wichtigste und zugleich interessanteste Mittel zum Reisen
besitzt jeder Mensch. Es ist weder ein Auto noch ein Fahrrad und
auch kein Flugzeug oder Bus. Zudem kostet es kein Geld, damit zu
reisen, und man muss sich an keinen Fahrplan halten. Jeder kann
es jederzeit kostenfrei benutzen: die Phantasie. Und jede Phantasie
beginnt mit einem winzigen, unsichtbaren Samenkorn, das geheimnisvoll im Kopf schläft, bis es ihm einfällt aufzuwachen. Dann reckt
und streckt es sich und treibt einen entzückenden kleinen Spross,
zunächst scheinbar ganz harmlos, aber in Wahrheit unendlich mächtig. Das Schöne ist, dass sich in jedem Augenblick unzählige dieser
Samenkörner in unseren Köpfen befinden, die nur darauf warten,
entdeckt und gewässert zu werden, auf dass aus ihnen die wildesten
Blumen wachsen. In jedem von uns liegt ein phantastischer Schatz,
der geborgen werden will, um uns und die Welt zu verzaubern.

»Die Leute«, sagt der kleine Prinz, »schieben sich in die Schnell-
züge, aber sie wissen gar nicht, wohin sie fahren wollen. Nachher
regen sie sich auf und drehen sich im Kreis. Nur die Kinder wissen,
wohin sie wollen. Sie wenden ihre Zeit an eine Puppe aus Stofffetzen
und die Puppe wird ihnen sehr wertvoll.« So ist es auch mit den
Geschichten. Es sind wunderbare Stofffetzenpuppen, die aufmerk-
sam betrachtet werden wollen, da nur der unvoreingenommene
Blick ungewöhnliche Zusammenhänge entdeckt. Nur wer neugierig Ausschau hält, findet jeden Tag eine neue unbekannte Welt, in
der Pappkartons zu Häusern, ein zwischen zwei Stühlen gespanntes

Laken zu einem Schiff und ein blauer Bademantel zu einer wilden
See werden.

Die Welt der Geschichten

Manchmal ist es leichter, in eine Geschichte zu finden, wenn der
Anfang schon vorgegeben ist. Immer dort, wo in den Übungen
Pünktchen stehen, darf die Geschichte weiterentwickelt werden. Sie
kann auch ganz neu erfunden werden, wenn der Anfang auf einmal
nicht mehr zu den eigenen Ideen passt. Wem nach dem fremden
Geschichtsanfang plötzlich eine ganz andere Geschichte einfällt, die
nichts mit dem Anfang zu tun hat, darf auch diese niederschrei-
ben, ja, mehr noch, er muss sie sogar aufschreiben, weil es seine
ganz persönliche Geschichte ist und kreatives Schreiben schließlich
nichts mit einem Schulaufsatz oder einer Klassenarbeit zu tun hat.
Die Phantasie ist wie ein Motor, den man nicht abwürgen darf.
Außerdem macht sie ohnehin, was sie will. Und das ist gut, denn
die Phantasie ist frei und gehört zunächst nur dem, der sich etwas
vorstellt. Anderen gehört sie erst, wenn der, der sich etwas vorstellt,
es erzählt oder aufschreibt.

So wie Geschichtsanfänge zu eigenen Geschichten führen, können
auch Geschichtsenden helfen, eine eigene Erzählung zu schreiben.
Dann muss man eben den Anfang und Mittelteil der Geschichte
erfinden, damit daraus eine vollständige Geschichte wird. Auch kann
es spannend sein, einen Anfang zu haben und dann aus mehre-
ren Fortsetzungsmöglichkeiten auszuwählen. Manchmal reichen
schon die drei einfachen Angaben *Wer, Wo, Was,* um daraus eine
Geschichte zu machen. Oder man nimmt ein paar Personen, bringt
sie zusammen und lässt sie ihre Geschichte erleben, die man dann
nur noch aufschreiben muss. Wenn man in einer Gruppe schreibt,
kann man die Gruppe auch teilen. Dann können sich beide Grup-
penhälften Figuren ausdenken, die dann getauscht werden, so dass
sich jede Gruppe zu den Figuren der anderen eine Geschichte ausdenken muss.

Wir reisen zum Mond

Als Ausgangspunkt für Texte können gewöhnliche und ungewöhnliche Orte dienen, an die man reisen kann. In den folgenden Übungen findet sich eine kleine Auswahl von Reiseorten, die nicht einmal besonders phantasievoll sind, weil eben nur von einem Erwachsenen erfunden. Sicher fallen dir viel ungewöhnlichere Orte ein, an die man reisen kann, so dass du die Liste der Übungen erweitern kannst.

Übungen 1–7

1. Übung: Unter Wasser

Du bist unter Wasser und schwebst und schwimmst ganz leicht. Du benötigst nicht einmal ein Sauerstoffgerät, sondern kannst normal atmen. Auch kannst du sehen, hören und reden. Ein Fisch schwimmt vor deinem Gesicht vorbei, seine Schuppen leuchten orange. Vielleicht ein Goldfisch, denkst du. Und noch während du das denkst, kommt plötzlich ein riesiges aufgerissenes Fischmaul auf dich zu. Aber bevor das Ungetüm zuschnappen kann …

Beispiel 1
Aber bevor das Ungetüm zuschnappen konnte … wurde mir plötzlich schwarz vor Augen. Ich merkte nur noch, wie etwas mich sanft in die andere Richtung trug. Als ich aufwachte, lag ich in einem wundervollen Bett und mehrere Meerjungfrauen saßen darum. Als ich die Augen zu ihnen wendete, lächelten sie mich an. Es vergingen einige Wochen in dem Wasserpalast, und ich freundete mich mit den Meerjungprinzessinnen sehr gut an. Am dritten Tag der sechsten Woche fragten sie mich, ob ich auch eine Meerjungfrau werden wolle. Ich zögerte einen Moment, aber dann sagte ich »Ja«. Sie gaben mir einen merkwürdigen grünen Trank. Erst sah ich ihn hilflos an, dann würgte ich ihn runter. Pfui Teufel, der schmeckte vielleicht eklig. Jetzt merkte ich, wie es in meinen Füßen kribbelte und krabbelte. Plötzlich gab es einen Ruck in meinem Körper und meine Beine hatten sich zu einem schönen Fischschwanz verwandelt. Und wir lebten glücklich bis an unser Lebensende.

(Silvana, 11 Jahre)

2. Übung: *Auf einer Insel*

Du bist alleine auf einer Insel. Wie du dorthin gekommen bist, weißt du nicht. Vielleicht gab es ein Schiffsunglück und du bist als Einziger an Land gespült worden. Oder jemand hat dich aus einem Flugzeug geworfen. Auf der Insel gibt es alles, was du brauchst. Neben Sand und Palmen wachsen hier die herrlichsten Bäume mit leckeren Früchten. Sogar eine Hängematte baumelt zwischen zwei Bäumen, und du fragst dich, wie sie auf die Insel gekommen ist, ob noch jemand auf der Insel ist und ob er nett oder böse ist. Gerade als du dich in die Hängematte legen willst, knackt hinter dir ein Zweig und …

Beispiel 1

Gerade, als ich mich in die Hängematte legen wollte, knackte hinter mir ein Zweig und … es sprang etwas aus den Ästen und warf mich zu Boden. Als ich mich aufrappeln konnte, sah ich einen kleinen, dürren Mann vor mir stehen. Seine Kleidung war zerrissen. Er fragte mich, was ich hier suche. Da erzählte ich, dass ich irgendwie hierher gekommen sei, und nach einer Weile verstanden wir uns besser. Am nächsten Morgen aßen wir zusammen. Er machte einen netten Eindruck. Da fragte ich ihn, ob es hier Wasser gebe, denn ich hatte Durst. Der Mann, der Samuel hieß, sagte, dass er auch schon lange nach Wasser suche. Am Nachmittag hatten wir endlich etwas zu trinken gefunden und schlugen unser Lager dort auf. Und so ging das Leben hier weiter. Aber eines Nachts konnte ich nicht schlafen und Samuel anscheinend auch nicht, denn er lag nicht mehr neben mir, aber ich hörte ihn reden, und was ich da hörte, ließ mich erstarren. Er war nämlich der berühmte Dieb Langfing. Nach fünf Monaten hatte ich endlich ein kleines Boot fertig gebaut. Ich wollte nämlich fliehen. Es gelang mir, und nach zwei Tagen kam mir ein Kahn entgegen, der mich an Bord nahm und nach Bayern fuhr. Von dort aus ging ich nach Hause zurück und war sehr glücklich, endlich wieder da zu sein. Ich erzählte meinen Freunden, wie wir auf der Insel ein Baumhaus gebaut hatten und wie ich erfuhr, wer mein neuer Freund wirklich war. Sie sagten, ich solle es der Polizei sagen, aber das habe ich nicht gemacht. Ich habe es keinem sonst erzählt und war glücklich.

(Christian, 11 Jahre)

3. Übung: *Hinter den Kulissen*

Du bist zu einer Theateraufführung eingeladen. Und weil du sehr früh dort bist, ist außer dir noch niemand da. Kein Publikum und merkwürdigerweise auch kein Schauspieler. Niemand scheint im

Theater zu sein. Also setzt du dich auf einen Stuhl und blickst auf die leere Bühne. Nachdem du eine Zeit lang gewartet hast und nichts passiert ist, stehst du auf, um dich ein wenig umzusehen. Du steigst die Stufen zur Bühne hinauf, überquerst sie und blickst vorsichtig hinter den Vorhang, wo aber nicht viel zu sehen ist. Doch weiter hinten steht eine Tür offen, und weil du natürlich neugierig bist und hier etwas nicht zu stimmen scheint, gehst du zu der Tür. Und gerade als du ankommst und einen Blick durch die Tür werfen willst, …

Beispiel 1
Und gerade als du ankommst und einen Blick durch die Tür werfen willst, … merkst du, dass alles so ruhig ist, und du willst wissen, wo die ganzen Leute sind. Du durchsuchst alle Zimmer, findest aber niemanden, obwohl die Vorstellung jetzt anfängt. Als Letztes kommst du in einen kleinen Raum mit einem Tresor und siehst alle Schauspieler gefesselt am Boden sitzen. Nur ein Mann mit einer Maske und einer Pistole räumt das Geld aus dem Tresor in einen großen Sack. Er sieht dich und ruft: »Halt, stehen bleiben, du setzt dich schön zu den anderen.« Du rufst um Hilfe, aber niemand hört dich, und du wirst auch gefesselt. Du fragst die anderen Leute leise: »Wie ist das passiert?« Die Leute antworten: »Wir waren bei der Probe, da stürmte der Kerl rein und fesselte uns.« Plötzlich kommen Scharfschützen und Spezialeinheiten der Polizei durch die Fenster und Türen. Draußen hört man Hubschrauber. Die Polizisten legen auf den Räuber an und rufen: »Ergib dich und schmeiß deine Waffe weg!« Der Dieb schmeißt seine Waffe weg und wird abgeführt. Aber wir werden befreit.

(Johannes, 11 Jahre)

4. Übung: In einer Höhle

Du bist mit deiner Schulklasse auf einem Ausflug, und weil du irgendwie keine richtige Lust hast, läufst du einige Schritte hinter den anderen. Da entdeckst du hinter einem Strauch den Eingang einer Höhle. Du willst wenigstens einen kurzen Blick hineinwerfen. Am Eingang stellst du fest, dass du kaum etwas siehst. Du gehst ein paar Schritte weiter, als du im Inneren einen winzigen Leuchtpunkt entdeckst, wie ein Glühwürmchen. Und weil du wissen willst, was da leuchtet, gehst du weiter. Da hörst du hinter dir ein gewaltiges Rumpeln. Als du dich umdrehst, siehst du, dass ein Felsbrocken den Eingang versperrt. Zunächst hast du ein wenig Angst, aber dann willst du kein Hasenfuß sein und außerdem dem geheimnisvollen

Leuchten auf die Spur kommen. Weil das Leuchten zu schwach ist, um den Weg richtig zu erkennen, tastest du dich an den Wänden entlang, als deine Hand plötzlich …

Beispiel 1
Weil das Leuchten zu schwach war, um den Weg richtig zu erkennen, tastete ich mich an den Wänden entlang, als meine Hand plötzlich … an etwas Schuppiges stieß und ich zurückschreckte. Es wurde taghell. Es war ein Feuer, das so hell war. Und es gingen Fackeln an, und ich erblickte einen riesigen Drachen. Er sah mich neugierig und zugleich wütend an. Dennoch schien es mir, dass er mich mochte. Und nach einem Jahr konnten wir uns unterhalten, und der Drache, es war ein Drachenweibchen, vertraute mir ein Geheimnis an. Wir liefen in die Richtung eines kleinen Lichtes, und als wir es erreicht hatten, waren es Dracheneier. Man konnte sie mit nichts aufbekommen, und sie leuchteten wunderschön. Nach fünf Jahren waren die Drachenkinder geschlüpft. Sie wuchsen sehr schnell, wie die Mutter auch. Nach zwei Tagen öffnete die Drachenmutter eine Öffnung und flog mit mir und ihren Kindern nach Hause. Sie blieben dann bei mir, ein ganzes Leben lang.

(Christian, 11 Jahre)

5. Übung: Die Fata Morgana

Irgendwie bist du in die Wüste geraten. Vielleicht ganz ähnlich wie der »Kleine Prinz«, der eines Tages einfach vom Himmel fiel. Seit Stunden läufst du über glühend heißen Sand. Die Flasche Wasser, die du mitgenommen hast, ist längst leer. Obwohl du kaum etwas anhast, schwitzt du ganz schrecklich, weil es in einer Wüste eben so heiß ist. Außerdem sind deine Beine müde. Als du gerade denkst, wie schön jetzt ein kaltes Bad und ein kühles Getränk wären, siehst du am Horizont …

Beispiel 1
Als du gerade denkst, wie schön jetzt ein kaltes Bad und ein kühles Getränk wären, siehst du am Horizont … einen Brunnen und rennst darauf zu. Doch als du dort stehst, wo du den Brunnen gesehen hast, ist da nichts als Wüste. Dir wird klar, dass du dir den Brunnen nur eingebildet hast, es nur eine Fata Morgana war. Du irrst den ganzen Tag durch die Wüste und weißt nicht, wo Norden und Süden ist. In der Nacht denkst du, dass es −30 Grad hat und hältst es fast nicht mehr aus. Am nächsten Morgen läufst du bis zum späten Nachmittag, als du ein kleines Dorf

siehst, bei dem die Wüste aufhört. Du denkst, es sei wieder nur eine Fata Morgana, hoffst aber, dass es diesmal nicht so ist, denn dir geht es überhaupt nicht mehr gut. Du schwitzt und brichst schon fast zusammen. Als du an dem Dorf stehst und die Leute dich begrüßen, merkst du, dass es diesmal keine Fata Morgana war.

(Esther, 11 Jahre)

6. Übung: Ohne Kleider am See

Es ist Sommer und du kommst an einen See. Leider hast du keine Badesachen. Weil es aber so heiß ist, willst du trotzdem ins Wasser. Du blickst dich um und bist alleine. Da macht es also nichts, wenn du nackt schwimmst. Du legst die Kleider ans Ufer und springst ins Wasser. Du schwimmst, bis du müde und vor allem sehr hungrig wirst. Dann schwimmst du zurück, um nach Hause zu gehen und dir ein riesiges Marmeladenbrot zu machen. Als du zum Ufer kommst, sind deine Kleider weg. Es ist niemand zu sehen, der sie genommen haben könnte. Du fragst dich, wie du nackt nach Hause kommen sollst, mitten durch die Stadt …

Beispiel 1
Du fragst dich, wie du nackt nach Hause kommen sollst, mitten durch die Stadt … und denkst:»Soll ich zwei Mülltonnendeckel vor und hinter mich halten?« Aber das machst du nicht, denn in diesem Moment hörst du Stimmen und versteckst dich. Kurz darauf kommen sieben Jungs in deinem Alter um die Ecke, sie haben deine Kleider. Du überlegst, ob du herausspringen und dir die Kleider holen sollst. Und obwohl du ein Mädchen bist, springst du raus, holst deine Kleider, ziehst dich an, gibst jedem eine Ohrfeige und rennst nach Hause.

(Johannes, 11 Jahre)

7. Übung: Im Sommerurlaub

Sechs Wochen Schulferien und dein bester Freund beziehungsweise deine beste Freundin fährt mit euch in den Urlaub. Deine Eltern haben ein kleines Haus gemietet, von dem aus man schnell am Meer ist. Die Anreise ist lang und im Auto ist es ziemlich warm. Deswegen dürft ihr, nachdem ihr angekommen seid, sofort ans Meer, während deine Eltern das Gepäck ausladen. Ihr rennt also an den Strand und wollt euch gerade ins Wasser stürzen, als …

Beispiel 1
Ihr rennt also an den Strand und wollt euch gerade ins Wasser stürzen,
als … plötzlich eine seltsame Kreatur vor euch steht und sagt: »Das ist
mein Strand, also geht weg von hier!« Da sagt Tim: »Da vorne steht aber,
dass das ein öffentlicher Strand ist.« Auch sein Freund Timo stimmt ihm
zu. Da kommt die Gestalt wutschnaubend auf sie zu und sagt: »Aber
nur ihr dürft hier baden, sonst keiner. Aber erzählt niemandem, dass
ihr mich getroffen habt, verstanden?« Tim und Timo nicken und gehen
baden. So geht es die ganze Zeit, die Jungen baden dort und erzählen
nichts von dem wunderlichen Wesen. Doch einmal beim Abendessen
rutscht es Timo heraus, und er erzählt von der unheimlichen Gestalt,
und seitdem ist das Wesen wie vom Erdboden verschluckt und auf dem
Strand haftet ein Fluch.

(Daniel, 11 Jahre)

Der fliegende Teppich

Nachdem es in den vorherigen Übungen um Orte ging, an die man
reisen kann, geht es nun um Transportmittel. Auch hier gilt, dass
kein Transportmittel zu ausgefallen ist, um damit phantastische
Reisen zu unternehmen.

Übungen 1–5

1. Übung: Fliegender Teppich

Du sitzt zu Hause ganz gemütlich auf dem Teppich, als dieser sich auf
einmal bewegt. Zuerst denkst du, dass du dir das nur einbildest. Aber
da bewegt sich der Teppich schon wieder. Er löst sich vom Boden
und schwebt mit dir zum Fenster hinaus. Durch das geschlossene
Fenster und ohne dass du gegen die Scheibe prallst oder dir wehtust.
Zunächst schwebt ihr nur über euer Wohnviertel, aber dann …

Beispiel 1
Zunächst schwebe ich nur über unser Wohnviertel, aber dann … fliegt
der Teppich mit mir ganz weit zu meiner Tante nach Tübingen. Dann
fliegt er auf den Spielplatz von Tübingen und landet plötzlich nebenan
auf dem Fußballplatz. Dort hat es zum Landen genug Platz. Ich steige

vom Teppich ab und gehe zu meiner Tante. Dort spiele ich mit meiner Cousine und meinem Cousin. Wir schauen »Bob der Baumeister« und spielen Krankenhaus. Dabei gehen wir immer abwechselnd ins Bett. Dann gibt es Abendbrot und wir spielen noch Dornröschen, bis wir ins Bett müssen. Am Morgen gibt es Würstchen zum Frühstück. Dann gehe ich zum Fußballplatz, setze mich auf meinen orangefarbenen, fliegenden Teppich und fliege nach Hause. Mama, Papa und meine Brüder haben nicht gemerkt, dass ich mit dem fliegenden Teppich unterwegs war, die haben geschlafen.

(Julietta, 7 Jahre)

2. Übung: Zugabteil

Du sitzt in einem Zugabteil. Es ist das erste Mal, dass du alleine mit dem Zug reisen darfst. Deine Mutter hat dich hineingesetzt und deine Oma wird dich abholen. Als du dich gerade gemütlich im Sitz zurücklehnst, kommen ein Mann und eine Frau ins Abteil. Der Mann setzt sich neben dich, die Frau ihm gegenüber. Die beiden schweigen, während du aus dem Fenster siehst und dich ein bisschen ärgerst, dass du das Abteil nicht für dich hast. Was man alleine alles anstellen könnte! Plötzlich wirst du aus deinen Gedanken gerissen. Die Frau steht nämlich auf, ohrfeigt den Mann und geht. Der Mann hält sich die Wange und sagt …

Beispiel 1

Der Mann hielt sich die Wange und sagte … »Du sollst nicht gehen.« Doch die Frau ging trotzdem. So saß ich mit dem Mann ganz alleine in dem Zugabteil. Während der Zug fuhr, redeten wir darüber, dass die Frau nicht hätte gehen sollen. Dann kamen wir am Bahnhof an. Ich sah die Oma und den Opa, die gerade mit einem bunten Auto angefahren kamen. Plötzlich brachte der Opa im Auto einen Künstler mit. Der Künstler kam zu mir und sagte: »Ich will dich bemalen.« Dann kam noch ein Auto mit Mama und Papa, die auch sehen wollten, wie der Künstler mich bemalte. Ich sah ganz lustig aus, und einen roten Punkt auf der Nase hatte ich auch. Mama und Papa wären auch gerne Künstler geworden und fanden das toll. Alle zusammen gingen wir dann zu Oma und Opa, dort tranken wir Kindertee.

(Lucy, 7 Jahre)

3. Übung: Das Körper-U-Boot

Du hast ein winziges U-Boot erfunden. Kein gewöhnliches, mit dem man im Meer fährt, sondern eines, mit dem man in den Blutgefäßen des Körpers fahren kann. Du steigst in dein selbsterfundenes U-Boot und begibst dich in die Blutbahn deines Körpers. Da dein ganzer Körper voller Blutgefäße ist, kannst du mit dem U-Boot in alle Winkel reisen. Du kannst dein Herz besuchen, deine Lunge und deine Leber. Als du gerade entdeckst, dass dein Herz vier Hohlräume hat, spürst du, wie dein U-Boot von einem Strudel erfasst wird und …

Beispiel 1

Als ich gerade entdecke, dass mein Herz vier Hohlräume hat, spüre ich, wie mein U-Boot von einem Strudel erfasst wird und … es wird durch den ganzen Körper geschleudert, bis hinunter zum rechten Fuß. Das U-Boot entdeckt viele, kleine Knochen. Dann möchte es den Ellenbogen finden. Doch bis zum Ellenbogen ist es ganz schön weit. Das Boot muss als Erstes am großen Knochen vom Unterschenkel vorbei, am Knie vorbei und dann hoch zum Oberschenkel. Hier hat das U-Boot schon viel mehr Platz, und es ist nicht mehr so eng. Das U-Boot steigt weiter hoch zum Bauch. Dort entdeckt es das ganze Essen, wie z. B. Kiwi und Bananen. Das U-Boot sucht sich den Weg weiter zum Hals, dann zur Schulter und wie in einer Rutschbahn landet es dann ganz schnell beim Ellenbogen. Das U-Boot war ganz glücklich, weil es zum Ellenbogen gefunden hatte, doch wie es jetzt aus dem Körper kommt, weiß es nicht; das muss ich erst noch erfinden. So lange kann das U-Boot in meinem Ellenbogen parken.

(Dominik, 8 Jahre)

4. Übung: Im Lastenaufzug

Du bist mit deinen Eltern in einem Restaurant. Weil es mal wieder so lange dauert, bis das Essen kommt, fragst du den Kellner, ob du in die Küche darfst. Und weil du so eine Ahnung hast, dass nicht jeder es mag, wenn man in seine Küche spaziert, erzählst du, dass du später Koch werden willst. Und dann darfst du tatsächlich in die Küche. Zunächst erklärt dir der Koch, was er macht. Aber dann wird es hektisch in der Küche und du gerätst in Vergessenheit, was dich nicht kümmert, weil du gerade eine Art Aufzug entdeckt hast. Da hängt ein Schild »Lastenaufzug – außer Betrieb«. Der Aufzug ist gerade groß genug, dass ein Kind hineinpasst, wenn es sich klein macht. Das weißt du, weil du es ausprobierst. Da es aber sehr unbequem im Aufzug ist und außerdem nach Zwiebeln stinkt, willst du gleich wieder aussteigen. Doch kaum, dass du dich an der Klappe festhalten willst, um herauszuklettern, geht die Klappe zu und …

Beispiel 1
Doch kaum, dass ich mich an der Klappe festhalten will, um herauszuklettern, geht die Klappe zu und … der Aufzug steigt ganz schnell nach oben. Im ersten Moment geht es mir nicht so gut, weil ich glaube, meine Eltern wissen nicht, wo ich bin. Bestimmt suchen Mama und Papa mich bald und können mich nicht finden. Dann geht die Tür vom Aufzug auf, ich bin irgendwo weit oben. Dort sieht es aufgeräumt aus. Ich sehe was zum Kochen, Trinken und ein Wildschwein. Ich glaube, ich bin dort gelandet, wo man alle Sachen lagert und holt, damit genügend für die Leute im Restaurant da ist. Nachdem ich mir alles angeschaut habe, versuche ich wieder runterzukommen, aber der Aufzug geht nicht mehr. Ich rufe dann den Koch, der mich findet und mit mir übers Treppenhaus nach unten läuft. Ich gehe durch die Küche zurück zu unserem Tisch. Meine Eltern sind weg, die suchen mich, und so warte ich, bis sie wieder an den Platz kommen.

(Emilia, 7 Jahre)

5. Übung: Mit der Silvesterrakete ins All
Normalerweise gibt es bei euch an Silvester keine Raketen, weil deine Eltern das für zu gefährlich halten. Aber an diesem Silvester ist alles anders, da deine Eltern Freunde eingeladen haben. Robert, der Freund deiner Eltern, hat Raketen mitgebracht. Deine Eltern sind im Haus, weil ihnen zu kalt ist. Obwohl Robert versprochen hat, dich keine Rakete anzünden zu lassen, lässt er dich doch eine starten. Zum Anzünden gibt er dir ein langes Zündholz. Du hältst dich an seine Anweisungen. Aber plötzlich wird dir schwindelig, und du musst dich an der Rakete festhalten, als sie auch schon abhebt und …

Beispiel 1
Aber plötzlich wird mir schwindelig, und ich muss mich an der Rakete festhalten, als sie auch schon abhebt und … ich plötzlich mit der Silvesterrakete zu den Planeten fliege. Als Erstes fliege ich zum Mars. Der ist ganz rot. Ich fliege über ihn hinweg und immer weiter zum Mond. Der Mond ist weiß und gerade ganz rund, so wie alle anderen Planeten auch. So langsam spüre ich, dass meine unteren Arme wehtun und ich mich nicht mehr festhalten kann. Ich setze mich schnell auf den Stuhl der Silvesterrakete, auch wenn er nur ganz klein ist und man ihn kaum sieht.

Dann geht die Reise weiter. Ich fliege über die Venus und dann über die Sonne, wo mir sehr heiß wird. Doch eigentlich möchte ich wieder nach Hause. Ich entdecke auf der Rakete einen Knopf, der Knopf bedeutet, dass wir wieder auf die Erde fliegen. Auf der Erde lande ich auf dem Landeplatz in unserem Garten. Das war ein spannendes Erlebnis.

(Timur, 7 Jahre)

Salto Mortale

In den folgenden Beispielen findest du jeweils das Ende einer Geschichte. Und da man eine Erzählung ja immer von Anfang an hören möchte, musst du einspringen und eine Geschichte erfinden, die zu dem Ende passen könnte. Auch hier gilt wieder, dass es ganz alleine deine Geschichte ist. Und wenn du im Schreiben auf einmal merkst, dass du zwar einen ganz tollen Anfang hast, aber das vorgegebene Ende plötzlich nicht mehr stimmt, dann schreibst du es einfach um.

Übungen 1–6

1. Übung: Ein wunderbarer Schatz

… und sie wurden die besten Freunde, nachdem sie sich zuerst spinnefeind waren. Doch alle Streitigkeiten waren nach dem großartigen Abenteuer vergessen. Kai und Lisa mussten lachen, wenn sie daran dachten, dass sie früher in der Schule nicht einmal nebeneinander hatten sitzen wollen. Was so gemeinsam überstandene Gefahren und das Auffinden eines Schatzes alles bewirken konnten.

Beispiel 1
Es war ein schöner Sommermorgen, und Kai lag gemütlich in seinem gelben Liegestuhl. Er fiel gerade in einen ruhigen Schlaf, als es plötzlich im Haus klingelte. Kai wollte erst gar nicht aufstehen, doch die Person vor der Tür ließ nicht locker. Langsam erhob er sich und lief durchs Haus zur Tür. Es knarrte, als er die Tür aufmachte. Ja, der Tag hatte gut angefangen, er hatte … Jetzt aber stand Lisa, die dumme Zicke aus seiner Klasse, vor der Tür. Komischerweise war ihr Gesicht nicht geschminkt, und sie war auch nicht so angezogen wie sonst. Nein, ganz sicher nicht. Ihr lief der Schweiß übers Gesicht, und ihre Beine waren verschrammt.

Ihr T-Shirt war mit Grasflecken übersät, als wäre sie damit übers Gras gerutscht. Außer Atem keuchte sie: »Kai, komm mit!« In widerwilligem Tonfall antwortete Kai: »Wieso? Wir hassen uns! Wieso willst du jetzt etwas mit mir unternehmen?« Sie seufzte, dann flüsterte sie: »Lass uns an einen Ort gehen, an dem uns niemand hören kann!« Sie drehte sich um und lief fort. Kai überlegte hin und her, doch dann folgte er ihr. Sie lief auf ein Waldstück zu, das ungefähr so groß war wie fünf Fußballfelder. Komischerweise nahm sie nicht den Weg, sondern ging mitten durch das Geäst. Missmutig folgte Kai ihr. Plötzlich war Lisa verschwunden. Hastig schaute er sich um. Da? Dort hatte sich doch etwas bewegt! Da legte sich eine Hand auf seine Schulter. Langsam drehte er sich um. Hinter ihm stand ein bärtiger Mann mit einem Wanderstab. Er sagte mit seiner rauen Stimme: »Komm mit. Ich bring dich zu Lisa.« Kai zitterte am ganzen Körper und Schweißperlen traten auf seine Stirn. Ohne zu wissen, was ihn erwartete, folgte er dem bärtigen Mann. Irgendetwas an ihm kam ihm durchaus vertraut vor, zugleich wusste er, dass er ihn noch nie gesehen hatte. Da blieb der Mann stehen und schob einen Vorhang von Blättern zur Seite. Da saß Lisa in einer kleinen Nische in einer Felswand, die von Büschen verdeckt wurde. Der Mann krächzte: »Setz dich.« Kai setzte sich auf ein morsches Holzbrett. Der Mann fing an zu reden: »Ihr seid verwandt. Ob ihr es glaubt oder nicht, aber ihr gehört beide einer alten Familie an. Ihr seid die 13. Generation, darum seid ihr auserwählt, den Schatz, den eure Familie vor Urzeiten in diesem Wald versteckt hat, wiederzufinden. Erhebe dich Kai.« Kai erhob sich von der feuchten Holzlatte. Der Mann hob die Latte an. Sie bekamen die Münder nicht mehr zu vor Staunen. Alles funkelte: Diamanten, Gold und andere Edelsteine waren darunter verborgen. »Nehmt so viel ihr tragen könnt. Wenn ihr wisst, dass ihr sterbt, gebt das Wissen an die nächste Generation weiter.« Jeder nahm sich zwei Hände voll, und sie rannten nach Hause. Sie schworen sich, niemandem etwas davon zu erzählen …

(Fynn, 12 Jahre)

2. Übung: Die Verwandlung

… mittlerweile fühlte er sich völlig wohl in seinem Körper. Auch hatte er lauter neue Kleider bekommen, die ihm ganz gut gefielen. Und meist ließen ihn die Jungs in der Schule weiterhin beim Fußball mitspielen. Es war also gar nicht so schlimm, wie er zu Anfang gedacht hatte. Denn als er eines Morgens plötzlich als Mädchen aufgewacht war, da hatte er schon einen gehörigen Schreck bekommen. Aber er und alle anderen hatten sich daran gewöhnt, so dass er dachte: Ende gut, alles gut.

Beispiel 1

Wie jeden Morgen fing der Wecker um 6:00 Uhr an zu klingeln. Jens schaute verschlafen auf die Anzeige und stand widerwillig auf. Doch plötzlich war er hellwach. Aus dem Spiegel schaute nicht Jens zurück, sondern ein Mädchen. Das war sicher wieder ein dummer Scherz seiner Schwester Karin. Langsam griff er mit seiner Hand in seine Haare. Dort waren nicht wie gewohnt kurze Stoppeln zu spüren, sondern langes, weiches Haar. Er wollte nur noch aus dem schlechten Traum aufwachen und schrie. Aber alles blieb gleich, nur dass seine Mutter in sein Zimmer kam. »Was ist denn los, Jens?«, fragte sie. Als sie ihn sah, konnte sie sich das Lachen nicht verkneifen. »Was soll denn das? Willst du etwa ein Mädchen sein?« »Nein, ich will kein Mädchen sein, aber ich bin eins!« Das Lachen verstummte plötzlich. Sie schaute ihn ganz genau an und zog leicht an seinen Haaren, um zu sehen, ob es nicht vielleicht eine Perücke war. »Was sollen die anderen jetzt von mir denken?«, jammerte Jens. Seine Mutter brachte ihn in die Schule und klärte alles mit dem Direktor. Er wurde in seiner Klasse als neue Mitschülerin Johanna vorgestellt. Die Mädchen schauten ihn komisch an. Seit wann trugen Mädchen Jungenklamotten? Zielstrebig lief Jens zu seinem Platz neben Oliver. Jens fühlte sich so allein und klein. Er wollte nur noch weg. Doch es kam ganz anders … Eine Woche später ging er wie immer in die Schule. Sofort lief Anna ihm entgegen und begrüßte ihn. Er hatte endlich Anschluss in der Klasse bekommen und mittlerweile …

(Marie-Philine, 11 Jahre)

3. Übung: Die Doppelerde

… und dieses Durcheinander kam daher, dass es jetzt zwei Erden gab, unsere und die andere, auf der die Menschen auf den Händen liefen, und nicht vorwärts, sondern rückwärts. Auch fuhren die Straßenbahnen nicht auf der Straße, sondern am Himmel. Die Menschen der anderen Erde staunten nicht schlecht, als sie sahen, dass die Menschen unserer Erde vorwärts liefen und einen Text von links nach rechts lasen, während sie ihn von rechts nach links lasen. Aber man kann ja alles lernen und das Laufen auf den Händen wurde sogar zu einem Unterrichtsfach in der Schule.

Beispiel 1

Auf unserem Planeten läuft alles Folgendermaßen: Unsere Fahrzeuge fahren auf der Erde, wir laufen mit den Füßen und lesen Zeitungen und Bücher so, dass wir die Schrift von links nach rechts lesen. Klingt eigentlich normal. Aber es gibt noch eine andere Welt. Eine Welt, in der die Autos am Himmel entlangfahren, wo auch die Häuser stehen. Eine Welt, in der die Menschen mit den Händen laufen. Und in dieser Welt wundern sich die Menschen, wie wir laufen, wo unsere Autos fahren, wo unsere Häuser stehen.

(Janis, 14 Jahre)

4. Übung: Der Menschenzoo

… es war ja so, dass die Tiere in den Zoo kamen, um die Menschen zu besuchen. Sie warfen Nüsse über den Zaun und hatten viel Spaß, wenn die Menschen versuchten, diese mit den Zähnen zu öffnen. Auch war es lustig anzusehen, dass die Menschen anscheinend nicht in der Lage waren, eine Banane zu schälen, so dass die Tiere das machen mussten. An den Gehegen hingen sogar extra Schilder: »Bananen bitte nur geschält über den Zaun werfen, alles andere ist Menschenquälerei.«

Beispiel 1

»Ich hab's!«, rief Martin seiner Frau zu. »Brigitte, ich hab's!« Daraufhin kam Brigitte in das Labor ihres Mannes. »Was ist denn das?«, fragte sie schockiert, als sie das pistolenförmige Etwas in seiner Hand sah. »Das sieht ja aus, wie eine …« »Aber nein, Brigitte. Das ist ein Umkehr-Strahler. Sie mal; wenn ich ihn auf diesen Apfel richte«, er zielte auf den Apfel, der sich augenblicklich verformte, »wird dieser zu einer Birne.« »Er bewirkt also so etwas wie das Gegenteil?«, fragte seine Frau. »Ja, genau«, bestätigte er. »Das ist mega abgefahren«, entfuhr es dem 13-jährigen Max, der seine Eltern gesucht hatte. Am nächsten Morgen war Max extra früh aufgestanden, um sich die Erfindung seines Vaters genauer anzusehen. Er schnappte sich die Birne, und der Strahl machte sie zu einem Apfel. Dieses Wundergerät musste er in die Schule mitnehmen. Was würde wohl geschehen, richtete er den Strahl auf das verhasste Olivenbrot, das er immer in die Schule mitbekam? Heute war ja der Schulausflug in den Zoo. Das würde ein Spaß werden. »Tschüss, Mami. Ich hab dich auch lieb.« Er konnte es kaum erwarten, endlich in die Schule zu kommen. Sobald sie am Zoo angekommen waren, wollte er sein Brot verwandeln. Es wurde zu einer dampfenden Pizza. Nur so zum Spaß richtete er den Umkehr-Strahler auf das Zoogebäude. Und kaum einen Moment später stand er mit seiner Pizza in der Hand in einem Terrarium. Vor dem Glas stand ein Affe, der ungeduldig gegen die Scheibe klopfte. Neben ihm selbst befand sich sein Freund John auf allen Vieren. Was hatte er getan?

Was hatte es für Auswirkungen auf den Rest der Welt gehabt? Er hatte
mit einem Chamäleon getauscht. Alles war anders, denn ...

(Franziska, 13 Jahre)

5. Übung: Vokalsterben

... und dieser wunderbare Radiergummi radierte alle Vokale, das
heißt a, e, i, o, u, aus allen Texten heraus. Das war beim Drucken der
neuen Zeitungen ganz praktisch, weil man Buchstaben und damit
Druckseiten und Geld sparte. Und allmählich gewöhnten sich die
Menschen auch an Texte wie: Dr Fßbllr Tn schss fnf Tr nd bsttgt dmt
sn Whl zm Fßbllr ds Jhrs.

Beispiel 1
In der Zeitungsdruckerei war Tag und Nacht Betrieb. Viele, viele Liter
Tinte wurden jeden Tag aufs Papier gedruckt. Als eines Tages nur noch
wenig Tinte übrig war und die ganzen Tintelager leer waren, musste
der Zeitungsmeister eine Lösung finden. Er war ratlos und fragte den
Mischmeister, ob dieser nicht eine Mischung für eine neue Tinte erfinden
könnte. Doch so viel dieser auch herumprobierte, auf dem Zeitungspa-
pier haftete nichts. Die Menschen wurden immer ungeduldiger, wann
denn endlich wieder eine Zeitung erscheinen würde. Da fand der Zeitungsmeister einen Radiergummi, der mit ihm redete. Der Radiergummi
sprach: »Wie wäre es, wenn ich dafür sorge, dass nicht alle Buchstaben
gedruckt werden, so sparst du Tinte.« Der Zeitungsmeister freute sich
sehr über diese Idee. Er wollte dem Radiergummi Anleitung geben,
welche Buchstaben er auslassen könnte, aber der Radiergummi konnte
plötzlich nicht mehr sprechen und verstand den Zeitungsmeister nicht
mehr. Der Zeitungsmeister hatte große Sorgen, dass der Radiergummi
zu viel wegradieren könnte, doch der wunderbare Radiergummi wusste
genau, was er tat ...

(Lena, 13 Jahre)

6. Übung: Die Miniminiminiwelt

... nach ein paar Wochen hatten sich die Menschen daran gewöhnt,
dass alles so klein war, dass man es nur unter dem Mikroskop
betrachten konnte. Wollte Sebastian etwa seine Frau sehen, wenn
er mit ihr sprach, musste er sie zuvor zwischen zwei kleine Glasplättchen legen, die er unters Mikroskop schob. Wollte er nur ihren
Körper sehen, reichte eine zehnfache Vergrößerung, wollte er ihr
beim Sprechen hingegen in die Augen blicken, musste er die hun-

dertfache Vergrößerung nehmen. Und wollte er, dass sie sich gegenseitig in die Augen sehen konnten, musste auch er sich zwischen zwei Glasplättchen unter ein Mikroskop mit hundertfacher Vergrößerung legen. Dann war es allerdings schwierig, das andere Mikroskop, unter dem seine Frau lag, scharfzustellen. Da dieser Mikrozustand aber noch nicht lange herrschte, war zu hoffen, dass bald ein Mikroskop erfunden werden würde, unter dem beide liegen konnten und für das es eine Fernbedienung geben würde.

Beispiel 1
Herr Umspund hatte endlich den Durchbruch geschafft: Er konnte alles eindampfen! Wirklich alles! Und zwar auf etwa ein Hundertstel der Originalgröße. Das war eine Sensation. Das war die Rettung. Angesichts der Überbevölkerung, die im Jahr 2350 eingetreten war, und dem Platzproblem, das diese mit sich gebracht hatte, waren zahlreiche Forscher auf der ganzen Welt seit Jahren damit beschäftigt gewesen, irgendeine Lösung zu finden. Aber alle Lösungen, die bisher gefunden worden waren, erwiesen sich nach kurzer Zeit als nicht praktikabel, sei es, weil ihre Technologie zu teuer gewesen war oder weil die Menschen, sofern man sie zu verkleinern versucht hatte, Schaden genommen hatten. Herr Umspund hatte seine Versuche natürlich zuerst an Gegenständen vorgenommen, dann an Ratten, später an Affen, und erst, als dies alles problemlos funktioniert hatte, an Menschen. Aber auch hier hatte es funktioniert. Seine Frau war nach dem Eindampfen ein wenig schwer zu verstehen gewesen, aber so weit er das unter dem Mikroskop hatte erkennen können, sah sie noch genauso aus, wie er sie im Originalformat in Erinnerung hatte. Zudem war diese Größe viel praktischer, Herr Umspund konnte seine Frau nun einfach in die Hosentasche stecken, wenn er einkaufen ging. Natürlich musste vor einer allgemeinen Eindampfung noch darüber nachgedacht werden, wer die Schrumpfung vornehmen und sich selbst dann als Letzter einschrumpfen würde. Denn diese Technologie in den falschen Händen könnte fatale Folgen haben. Aber erst einmal musste das gefeiert werden. Morgen würde er damit an die Presse gehen, aber jetzt würde er für sich eine Flasche Sekt köpfen. Auch das war nach der Schrumpfung praktisch, seiner Frau genügte nun bereits ein Tropfen Sekt. Vielleicht sollte er die Entdeckung auch für sich behalten und ...

(Matthias, 15 Jahre)

So oder so oder

Das kennst du sicher: Wenn du anfängst, eine Geschichte zu lesen, und dann unterbrochen wirst oder aufhören musst, geistern dir wahrscheinlich ein paar gute Ideen im Kopf herum, wie die Geschichte weitergehen könnte. Und manchmal sind die eigenen Ideen so gut, dass man ganz enttäuscht ist, wenn man weiterliest und die Erzählung nicht so spannend ist, wie man sie sich vorgestellt hat. Bei den folgenden Geschichten gibt es immer drei Möglichkeiten, wie die Geschichte weitergehen könnte, und du kannst die auswählen, die du am interessantesten findest. Wenn dir keine der Möglichkeiten gefällt, ist dir während des Lesens vielleicht schon eine viel spannendere eingefallen, die du aufschreiben kannst.

Übungen 1–3

Übung 1: Mark liebt Anna

Seit dem Kindergarten ist Mark in Anna verliebt. Zugegeben, mit fünf Jahren kann man so etwas noch nicht wirklich als Verliebtheit bezeichnen, aber mit vierzehn schon. Anna und Mark gehen in eine Klasse, sitzen aber nicht nebeneinander. Was vielleicht ganz gut ist, denn so kann Mark sich mit seinem Banknachbarn über die neuesten Fußballergebnisse unterhalten. Und ehrlich gesagt versteht er auch nicht, warum Anna und Lena, die neben ihr sitzt, immerzu kichern. Aber das ist auch das Einzige, was er an Anna nicht so mag. Alles andere findet er ganz prima, die langen blonden Haare, die Sommersprossen, die Stupsnase und wie sie die Stirn runzelt und ihm den Ellenbogen in die Seite stößt, wenn er etwas Unsinniges gesagt hat. Auch wenn sie das in letzter Zeit nicht mehr macht. Eigentlich macht sie es nicht mehr, seit Tobias in die Klasse gekommen ist. Mark kann nicht verstehen, was Anna an dem Angeber findet. Sie waren doch bisher immer einer Meinung, jedenfalls fast immer. Mark hatte Anna letzte Woche mit Tobias in der Eisdiele gesehen. Am liebsten wäre er hingegangen und hätte Tobias sein Eis ins Gesicht geklatscht. Hat er natürlich nicht. Auch haben die beiden ihn nicht gesehen. Aber jetzt weiß er nicht, ob er Anna fragen soll, ob sie mit zum Sommerfest des Fußballvereins geht oder lieber nicht.

1. *Möglichkeit*: Mark fragt Anna, ob sie mit ihm zum Fest geht.
2. *Möglichkeit*: Um Anna eifersüchtig zu machen, fragt Mark Annas Freundin Lena, ob sie mit ihm zum Fest geht.
3. *Möglichkeit*: Mark prügelt sich mit Tobias. Anna spricht kein Wort mehr mit ihm, so dass er sie nicht fragen kann, ob sie mit ihm zum Fest geht.

Beispiel 1
Schließlich traut Mark sich doch, Anna zu fragen, ob sie mit ihm auf das Fest geht. Zu seiner Verwunderung sagt sie »Ja«. An dem Abend holt er sie zu Hause ab. Sie sieht wunderschön aus in ihrem weißen Kleid. Sie laufen die Straße entlang, und er greift nach ihrer Hand. Sie schaut ihn an und bleibt stehen. Er wird nervös und fragt, ob sie nicht lieber weitergehen wollen. Sie sieht ihn schief an, und er kann nur hoffen, dass sie ihn nicht falsch verstanden hat, denn er will sie viel lieber später, beim Feuerwerk, zum ersten Mal küssen. Auf dem Fest sind viele Leute, und Mark wird gleich von seinen Freunden umzingelt. Er verliert Anna aus den Augen. Kurze Zeit später soll das Feuerwerk beginnen, und er fängt an, Anna zu suchen. Er findet sie schließlich bei Tobias, mit dem sie lachend am Tisch sitzt. Mark hatte bisher noch keine Zeit und Lust, mit Tobias zu reden, und ist auch ein bisschen eifersüchtig, weil Tobias so viel mit Anna unternimmt. Mark merkt, wie er wütend wird, und beschließt, Anna zu fragen, was genau jetzt mit Tobias los ist. Als er sie wütend zur Rede stellt, erklärt sie ihm, dass Tobias ihr Cousin ist und sie ihm lediglich die Stadt zeigen soll. Mark fragt, immer noch etwas aufgebracht, warum sie ihn, Mark, dann so wenig beachtet. Und sie sagt, dass sie Tobias nicht vernachlässigen wollte und vor der Familie auch nicht zeigen wollte, dass sie auf Mark steht. Mark blickt sie mit offenem Mund an. Plötzlich knallt es laut hinter ihm und ihm wird bewusst, wie komisch er mit offenem Mund aussehen muss. Also reißt er sich zusammen, um ihr zu sagen, dass auch er Gefühle für sie hat, aber da merkt er schon, dass Anna sich einfach zu ihm vorgebeugt hat und ihn jetzt küsst, während über ihnen die Raketen explodieren und die zwei sehr froh sind, sich gefunden zu haben.

(Luca, 15 Jahre)

Übung 2: Vanessa findet sich zu dick

Vanessa ist ein Meter und sechzig groß und wiegt fünfundsechzig Kilo. Ihre Hoffnung ist, dass sie noch besonders viel wächst. Ihre Mutter sagt auch oft, dass sich ihre leicht rundliche Figur noch auswächst. Das hört Vanessa natürlich gerne. Nicht so gerne hört sie, wenn ihre Oma sagt, dass es sich bei ihren Rundungen noch um Babyspeck handelt. Mit zwölf Jahren! Natürlich verlässt Vanessa sich nicht alleine auf die Hoffnung, noch zwanzig Zentimeter zu wachsen, sondern versucht auch immer wieder, weniger zu essen. Zuweilen isst sie nur vier Scheiben Knäckebrot am Tag. Die reinste Hungerkur. Aber sie nimmt einfach nicht ab. Und das Hungern führt nur dazu, dass sie noch mehr Hunger hat und dann mit dem Essen gar nicht mehr aufhören kann. Sie würde gerne mal mit ihrer Mutter darüber reden, aber die würde sicher nur wieder sagen, dass sich das auswächst. Vielleicht sollte sie lieber mit ihrem Kinderarzt reden. Der ist nett, und weil er Arzt ist, muss sie sich vor ihm auch nicht schämen. Außerdem ist es doch seine Aufgabe, Menschen zu helfen. Oder sie versucht es ein letztes Mal alleine.

1. Möglichkeit: Vanessa redet mit ihrer Mutter.

2. Möglichkeit: Vanessa fragt ihren Kinderarzt um Rat.

3. Möglichkeit: Vanessa versucht es ein weiteres Mal alleine.

Beispiel 1

Als Vanessa eines Tages in der Schule saß, kündigte der Lehrer an, dass ein neues Mädchen in die Klasse kommen solle. Erstmals regte Vanessa sich darüber auf: »Immer diese spargeldürren Mädchen, die einen ärgern, wenn man dick ist.« Aber Vanessa hatte sich getäuscht. Lena war überhaupt nicht dünn, sondern auch pummelig wie sie. Schon nach ein paar Tagen waren die beiden die besten Freundinnen. Und irgendwann hatten sie ihren Kummer vergessen. Vanessas Mutter hatte Recht, gewachsen sind beide noch. Und nachher wurden sie sogar beneidet. Selbst das dünnste Mädchen der Klasse, Celia, staunte: »Wow!!! Wie kann man denn in so kurzer Zeit so viel abnehmen?« Und Vanessa gab zurück: »Tja, ich bin halt gewachsen«, drehte sich auf dem Absatz um und ließ die erstaunte Celia einfach stehen.

(Sarina, 15 Jahre; Emilie, 15 Jahre)

Übung 3: Lars und Jesse wollen nach Rom

Als Lars und Jesse im Freibad liegen, kommt ihnen die Idee, nach Rom zu fahren. Im Geschichtsunterricht haben sie lange über Rom gesprochen, und es klang wirklich spannend. Sie würden gerne mal den Petersplatz mit den Tauben, den Vatikan und das Pantheon sehen. Außerdem wollen sie Geld in den Fontana di Trevi werfen und sich dabei etwas wünschen, was dann natürlich in Erfüllung gehen würde. Die Frage ist nur, ob ihre Eltern diese Reise erlauben, immerhin sind sie erst fünfzehn. »Wir müssen alles genau planen, Züge raussuchen und eine Jugendherberge«, sagt Lars. »Und wenn das Ganze nicht zu teuer wird, lassen sie uns bestimmt fahren.« Jesse nickt. »Wir können ja versprechen, dass wir jeden Tag einmal anrufen.« »Und wenn sie uns nicht lassen, fahren wir eben heimlich«, sagt Lars, und die Jungen besiegeln ihren Entschluss mit einem Handschlag.

1. *Möglichkeit*: Lars und Jesse fragen ihre Eltern, ob sie alleine nach Rom fahren dürfen, und die Eltern stimmen zu.
2. *Möglichkeit*: Lars und Jesse fragen ihre Eltern, diese stimmen nicht zu, und die beiden Jungen reisen heimlich.
3. *Möglichkeit*: Lars und Jesse fragen ihre Eltern erst gar nicht, sondern fahren gleich heimlich nach Rom.

Beispiel 1
Lars und Jesse wollen sich tatsächlich auf den Weg nach Rom machen. Aber sie beschließen, vorher noch jeder einen Ferienjob anzunehmen, um genug Geld für die Reise zu haben. Lars bewirbt sich bei einer Firma, die Fleischwaren herstellt, und bekommt 250 Euro pro Woche. Jesse, der sehr modebewusst ist, hat sich in der Modebranche beworben, bekommt aber in den ganzen vier Wochen nur insgesamt 750 Euro. Nach den vier Wochen haben sie 1750 Euro gespart, finden aber beide, dass das nicht reicht. Jesse, der eine sehr gute Beziehung zu seiner Patentante Eva hat, erzählt ihr von den Plänen, weil er weiß, dass sie den Eltern nichts weitererzählen, sondern wie ein Grab schweigen wird. Und Eva unterstützt die beiden. Kurz darauf fahren sie an den Bahnhof und sind acht Stunden später schon in Rom.

(Arpiko, 16 Jahre)

Der Mörder ist immer der Gärtner

Es ist so leicht, wie es klingt. Die meisten Geschichten haben ein ganz einfaches Grundgerüst. Es gibt eine Hauptfigur, die sich an einem bestimmten Ort aufhält und etwas erlebt. Natürlich kommen dann noch weitere Figuren hinzu und manchmal folgt auch ein Ereignis auf das nächste und die Geschichte kann auch an verschiedenen Orten stattfinden. Aber zu Beginn reichen meist diese drei

Angaben: Wer (Hauptfigur), Wo (Ort), Was (Handlung). Alles Weitere ergibt sich dann oft wie von selbst, manchmal sogar so schnell,
dass man mit dem Schreiben gar nicht hinterherkommt. Um deine
Geschichte zu beginnen, kannst du die Angaben aus den folgenden
Übungen nehmen oder dir eigene ausdenken. Am besten du nimmst
drei Zettel und notierst auf dem ersten eine Person mit Namen,
Geschlecht und Alter, auf dem zweiten einen Schauplatz, also
eine Stadt, eine Bühne, ein Gebäude oder so, und auf dem dritten
notierst du stichpunktartig, was passiert. Um gleich zu Beginn eine
Idee zu bekommen, wie die Geschichte verlaufen soll, kann man
sich auch noch überlegen, ob es eine Liebesgeschichte, ein Krimi,
eine Schauergeschichte, eine traurige, lustige oder eine ganz und
gar phantastische Geschichte werden soll. Aber natürlich kannst
du auch einen Krimi schreiben, in dem eine Liebesgeschichte vorkommt, oder eine Gruselgeschichte, in der es sehr fröhlich zugeht,
und so weiter. Aber das wirst du alles selbst merken, sobald du mit
dem Schreiben anfängst.

Übungen 1–6

1. Übung: Krimi

Ein Krimi ist eine spannende Geschichte, in der es meist böse und
gute Menschen gibt, die einander bekämpfen. Vielleicht geht es
darum, einen Mörder zu finden. Das entscheidest du, es ist dein
Krimi.

Wer: Hauptkommissar Schäfer und sein Assistent Mertens werden
mitten in der Nacht zu einem Toten gerufen. Der Tote ist 55 Jahre
alt und Geschäftsführer einer Pharmafirma. Die Polizei wurde von
der 40-jährigen Ehefrau verständigt, die am Telefon aufgelöst klang.

Wo: Beim Haus des Toten handelt es sich um eine kleine Villa
mit einem riesigen Garten und einer Kiesauffahrt. Das Haus steht
in einem Wohnviertel, in dem viele reiche Leute wohnen und normalerweise keine Gewalt herrscht.

Was: Der Mann wurde durch einen Giftpfeil ins Herz getötet, als
er am Abend in seinen Garten ging, um den Rasensprenger anzu-
schalten. Die Hintergründe der Tat sind unklar, aber die Firma des
Mannes hat ein Medikament gegen Übergewicht hergestellt, durch

das ein paar Menschen ums Leben gekommen sind. Hauptkommissar Schäfer und sein Assistent Mertens vermuten den Mörder unter den Angehörigen dieser Menschen. Aber vielleicht hat auch seine Ehefrau, die offensichtlich einen Geliebten hat, ihren Mann umgebracht.

Beispiel 1: Tödliche Stille

Alles war in einen leichten Nebel gehüllt, und es lag Salz in der Luft. Seine Füße versanken im nassen Sand, und die Gischt spritzte ihm ins Gesicht. Plötzlich war ein schwarzer Schatten auf dem Wasser zu sehen. Er kam immer weiter auf ihn zu, bis er eine Gestalt in einem Taucheranzug erkannte. Die beiden standen sich schweigend gegenüber. Die Stille lag schwer in der Luft, als ein Schrei die Nacht erfüllte.

Hauptkommissar Hagen Lennard saß müde am Schreibtisch, als das Telefon klingelte. Er hob den Hörer ab: »Mordkommission Lennard, mit wem spreche ich?« »Unwichtig!«, erwiderte eine verzerrte Stimme. »Kommen Sie schnell zum Strand, dort liegt ein Toter beim Leuchtturm!« »Verdammt, wer spricht da?« Tüt, tüt, tüt … »Verflixt, aufgelegt!« Wütend warf Lennard den Hörer auf die Gabel. Nachdem er alles Notwendige veranlasst hatte, wählte er die Nummer seiner Partnerin: »Hallo Lisa, mach dich auf den Weg, es gibt was zu tun. Eine Leiche in der Nordsee!« Als die Beamten am Tatort eintrafen, war die Spurensicherung bereits vor Ort. Ihnen bot sich ein Bild des Grauens. Die aufgedunsene Leiche trieb im Wasser. Der Mund war weit aufgerissen, und die Augen quollen aus ihren dunklen Höhlen. Mitten in der Brust des Toten steckte ein Harpunenpfeil. »Igitt, ich habe noch nicht gefrühstückt«, sagte Lisa Stern zu Lennard. »Wasserleichen sind immer schrecklich, aber diese ganz besonders«, erwiderte Lennard. »Kennen wir schon die Identität des Toten?« Ein Mitarbeiter erklärte den beiden Ermittlern, dass es sich um den Speditionsunternehmer Bill Jones handelte, der hier in der Nähe wohnte. »Na, dann wollen wir mal …«

Hagen Lennard und Lisa Stern trafen kurze Zeit später am Haus des Opfers ein und klingelten an der Tür. Es dauerte einige Zeit, bis eine etwas verwirrte Frau hinter dem Glasfenster erschien. »Wer sind Sie?«, rief es hinter der geschlossenen Tür. »Wir sind Lennard und Stern von der Mordkommission. Dürfen wir reinkommen? Wir haben Ihnen eine sehr schlimme Nachricht zu überbringen …« Die Türe öffnete sich langsam, und sie traten in den geräumigen Flur der Villa. »Ihr Mann wurde heute Morgen tot am Strand aufgefunden«, flüsterte Lennard mitfühlend. Doch die Ehefrau blieb ganz gelassen und sagte nur kurz: »Ach so.« »Mochten Sie Ihren Mann nicht?«, fragte nun Lisa Stern. »Nein, er hatte nur Geld im Kopf und hat sich nie um die Familie gekümmert. Er war nicht oft

zu Hause und nur seine Firma bedeutete ihm etwas.« »Wo waren Sie heute Nacht?«, wollte Lennard wissen. »Im Bett, und nein, ich habe keine Zeugen, ich war allein«, erwiderte die Frau gelassen, »allein, wie immer!«
(Fabian, 10 Jahre)

2. Übung: Liebesgeschichte

Eine Liebesgeschichte ist eine Geschichte mit romantischen Verwicklungen, glücklichen Begegnungen, vielleicht auch ein wenig Durcheinander und meist einem glücklichen Ausgang, einem so genannten »Happy End«.

Wer: Ein junger Mann mit dem Namen Anton und eine junge Frau mit dem Namen Sophie treffen aufeinander. Anton ist achtzehn und macht bald sein Abitur. Sophie ist zwanzig und macht eine Ausbildung zur Krankengymnastin. Sie hat einen Freund, Maximilian, der Medizin studiert. Die beiden kennen sich schon lange und wollen sogar bald zusammen in eine Wohnung ziehen.

Wo: In der Innenstadt einer großen Stadt kurz vor Heiligabend machen die Leute ihre letzten Weihnachtseinkäufe. Es schneit und die Leute haben ihre Kapuzen tief in die Gesichter gezogen.

Was: Sophie kommt gerade aus einem Geschäft und trägt einen Stapel Pakete, so dass sie Anton nicht sieht und mit ihm zusammenstößt. Alle Pakete fallen auf den Bürgersteig in den Schnee. Beide bücken sich gleichzeitig danach und stoßen mit den Köpfen zusammen. Anton verliebt sich sofort in Sophie und will sie, nachdem sie die Pakete aufgehoben haben, zu einem Kaffee einladen. Sophie weiß nicht, was sie will, schließlich hat sie einen festen Freund.

Beispiel 1: Ein geringelter Tag
»Heute«, sagte Petra entschlossen an einem bewölkten Tag. »Heute finde ich meinen Traummann.« Sie war gerade auf dem Weg zur U-Bahn, weil sie in den Englischen Garten in München gehen und dort ihren Traummann finden wollte. Sie stieg ein. Die U-Bahn fuhr los und hielt nach einiger Zeit wieder. Sie war angekommen. Sie ging raus, lief die Treppe hoch und guckte besorgt zum Himmel, denn dort kamen jetzt auch noch Gewitterwolken. »Oje, oje«, stöhnte sie ärgerlich, »hoffentlich ziehen die Wolken vorbei!« Doch gleich darauf fing es zu regnen an. Es war ein heftiger Regen, und der kalte Wind blies Petra direkt ins Gesicht, so dass es ihr andauernd eiskalt den Rücken runterlief. Nach einiger Zeit wollte sie nicht mehr und dachte sich beim Zurückgehen:

»Tja, dann wird es heute wohl nichts damit, den Traummann zu finden, oder?«

Sie ging die Treppe hinunter zur U-Bahn und stempelte ihre Karte am Automaten. Dabei sah sie, wie die U-Bahn einfuhr. Sie lief hastig hin und stieg ein. Kaum, dass die U-Bahn losgefahren war, hielt sie auch schon wieder in einem Tunnel. Und der Schaffner sagte: »Die U-Bahn hat ein defektes Gleis, leider müssen wir mit einer halben Stunde Verspätung rechnen. Ich bitte um Entschuldigung.« Petra langweilte sich. Da sah sie einen Mann, der rot-orange geringelte Socken und einen orange geringelten Hut aufhatte. Außerdem trug er orange gepunktete Schuhe. Petra sah an sich herunter und bemerkte, dass sie blau-grün geringelte Hosen und eine blau-grün geringelte Jacke trug. »Was für ein Zufall«, dachte sie. Der Mann schaute zu ihr herüber und sah, wie sie angezogen war. Er ging auf sie zu und sprach sie an: »Du bist ja genauso geringelt angezogen wie ich. Da kann man ja Kopfweh kriegen.« Sie lächelte verlegen und sagte, während sie ihm ins Gesicht blickte: »Und du hast eine schöne Augenfarbe. Die passt gut zu deinem Hut.« »Die Augenfarbe habe ich von meiner Mutter und den Hut von meinem Großvater geerbt.« Die U-Bahn fuhr weiter, stoppte aber sogleich wieder, und dann ging plötzlich das Licht aus. Als dann auch noch ein betrunkener Mann laut grölend umfiel und krachend auf eine Bank plumpste, guckten die Leute sehr verängstigt. Besonders Petra. Der geringelte Mann legte seine Hand um ihre Schulter und sprach: »Hab keine Angst, ich bin ja bei dir.« »So ein Depp«, dachte Petra, »sehe ich etwa so ängstlich aus?« Die U-Bahn fuhr wieder weiter. Kurz darauf hielt sie am nächsten Bahnsteig. »Ich muss jetzt hier raus«, sagten beide gleichzeitig. In diesem Moment guckten sie sich verwundert an. Petra lachte, und der geringelte Mann sprach, ebenfalls lachend: »Ich glaub, wir brauchen einen Kaffee.« »Hoffentlich wird das nicht der letzte Kaffee mit ihm sein«, dachte sie, »denn ich würde zu gerne wissen, ob er noch mehr geringelte Klamotten im seinem Schrank versteckt hat.«

Sie gingen los. Es regnete noch immer. Der Mann mit dem geringelten Hut klappte seinen geringelten Regenschirm aus und sprach: »Wie heißt du eigentlich?« »Petra«, antwortete sie, und fragte zurück: »Und du?« »Ich heiße Archibald, aber alle nennen mich Aro.« »Gut Aro, in welches Café gehen wir denn?« »Ins ›Capuccino Resenco‹, dort sind die Kaffeetassen auch geringelt.« Also gingen sie ins Café und plauderten eine Weile. Dabei verging die Zeit wie im Flug. Sie verabredeten sich für den nächsten Tag, und Petra ging glücklich nach Hause. Auf dem Rückweg dachte sie: »Vielleicht …« Sie seufzte tief. »Vielleicht wird es ja was mit dem Kerl, vielleicht habe ich meinen Traummann gefunden.«

(Jannik, 10 Jahre)

3. Übung: Tragödie

Eine Tragödie ist eine Geschichte, bei der zunächst etwas Trauriges passiert, meist ein Unglück. Aber die Geschichte muss dann nicht unbedingt traurig weitergehen, sondern kann auch lustig werden und ein gutes Ende nehmen.

Wer: Frederick, vierzehn Jahre, hat auf dem Weg von der Schule nach Hause einen Fahrradunfall. Er wird von einem einbiegenden Auto erfasst, dessen Fahrerin ihn nicht gesehen hat. Die Fahrerin sitzt wie gelähmt hinter dem Lenkrad.

Wo: Fredericks Schulweg, eine große, stark befahrene Straße.

Was: Nachdem die Fahrerin den ersten Schock überwunden hat, steigt sie aus und geht zu Frederick, der neben seinem verbeulten Fahrrad liegt und Schmerzen hat. Ein Passant, ein vierzigjähriger Mann mit seinem Hund, ruft über Handy einen Krankenwagen.

Beispiel 1: Der Tod
Yoyo ist zehn Jahre alt und spielt Handball. Sein Vater John arbeitet als Tierforscher und zählt 29 Jahre. Yoyos Mutter starb vor zwei Jahren an Krebs. An diesem Morgen ging John pfeifend aus seinem Haus zum Briefkasten und holte einen Brief heraus. An der Handschrift erkannte er sofort, dass ihm sein Chef geschrieben hatte. In dem Brief stand Folgendes: »Hallo John, wir brauchen dich dringend. Du musst nach Haiti kommen. Dort wurde angeblich eine neue Tierart entdeckt. George.« John machte einen Freudensprung. Er liebte seine Arbeit, und dieser Auftrag hörte sich sehr spannend an. Er schrie so laut »Juhu«, dass Frau Strik, seine Nachbarin, aus dem Fenster schaute. »Ist etwas passiert«, erkundigte sich Frau Strik neugierig. »Ah, guten Tag Frau Strik«, erwiderte John. »Ich brauche mal wieder ihre Hilfe. Können Sie ab morgen auf Yoyo aufpassen? Meine Arbeit ruft mich nach Haiti.« »Ja, sehr gerne. Yoyo ist so ein lieber Junge«, antwortete Frau Strik.
Am nächsten Tag ging John an Bord des Blauenankers und winkte Yoyo zum Abschied zu. John genoss die Fahrt und schaute den Delphinen zu, die neben dem Schiff schwammen. »Der Atlantik ist wunderschön«, dachte John. Als die Nacht hereinbrach, ging John in seine Kajüte und schlüpfte ins Bett. Er fragte sich, wie es Yoyo wohl gehen mochte. Als der Wecker am nächsten Morgen klingelte, stand John voller Vorfreude auf. In Kürze würde er Haiti das erste Mal betreten. Haiti war ihm aus Büchern als ein schönes Land mit grünen Bäumen, vielen Palmen und unzähligen Blumen bekannt. Haiti steckte voller interessanter Tiere und unberührter Natur. Haiti lag ein bisschen unter dem 20. Breitengrad. Nachdem John das Schiff verlassen hatte, kramte er einen Zettel aus

seiner Hosentasche. Auf dem Zettel stand: »Eiserner Weg 111.« John winkte ein Taxi heran und nannte dem Fahrer die Adresse. Im »Eisernen Weg« wartete sein Chef George mit einem Mann namens Legdon auf ihn. Legdon hatte gebräunte Haut und schwarze zerzauste Haare. Er war groß gewachsen. Seine Kleider waren zerrissen. Dennoch wirkte er zufrieden mit dem, was er hatte. Legdon erzählte: »Als ich spazieren ging, sprang mich plötzlich ein Tier von hinten an.« Er zeigte John einen Kratzer, der über den Rücken ging. »Ich habe gerade noch rechtzeitig ein Foto gemacht, aber ich konnte nicht mehr als einen Schatten fotografieren.« Legdon zeigte John ein Foto, auf dem der Schatten des Tieres schwer zu erkennen war. Das Tier hatte einen wolfartigen Kopf, ging aber dennoch auf zwei Beinen; es sah aus wie ein Mensch mit Wolfskopf. John sagte begeistert: »Das ist ja ein ...« Auf einmal wackelte der Boden, und das Nachbarhaus fiel zusammen. Ein Schrei, Legdon und George rannten aus dem Haus und brüllten so laut sie konnten: »Ein Erdbeben.« John wollte hinterher, doch ein Ziegel traf ihn auf dem Kopf. Er stürzte zu Boden und musste wehrlos mit ansehen, wie das Haus über ihm zusammenbrach. Das Letzte, was John sah, war ein Sonnenstrahl, der durch die Trümmer zu ihm hindurchstrahlte.

Zur gleichen Zeit: Yoyo lief gerade von einem Handballturnier nach Hause und war sehr aufgeregt. John hatte ihm versprochen, einen Brief zu schreiben. Bestimmt lag dieser Brief heute im Briefkasten. Deswegen sprintete Yoyo schnell los. Er musste Johns Brief unbedingt lesen. Ohne nach rechts oder links zu schauen, lief Yoyo über die Straße. Ein Auto raste auf ihn zu und konnte nicht mehr bremsen. Yoyo wirbelte durch die Luft. Das Letzte, was er sah, war der letzte Sonnenstrahl am Horizont, und dieser Sonnenstrahl ging für immer unter, wie Yoyo und John.

(Johannes, 10 Jahre)

4. Übung: Komödie

Eine Komödie ist eine lustige Geschichte, bei der es aber nicht immer nur lustig zugehen muss.

Wer: Eva, Lisa, Marie, Karl und Gustav haben mit ihrem Deutschlehrer ein Theaterstück eingeübt, das sie selbst geschrieben haben.

Wo: In der Schulaula, in der Schüler, Lehrer und Eltern sind.

Was: Das Licht in der Aula ist gerade ausgegangen und alle warten darauf, dass sich der Vorhang öffnet und das Stück beginnt. Doch hinter der Bühne ist es zu einer kleinen Panne gekommen.

Beispiel 1: Die Theateraufführung

Eva, Lisa, Marie, Karl und Gustav hatten mit ihrem Deutschlehrer, Herrn
Marx, ein Theaterstück eingeübt, das sie selbst geschrieben hatten.
Die Vorführung sollte am Freitag beginnen. Nach zwei Tagen war es so
weit: Es war Freitag. Als das Publikum in bester Laune und gespannt
war, um was es im Stück gehen würde, ging plötzlich das Licht aus. Es
herrschte wildes Durcheinander, denn auf einmal ging der Vorhang von
der Bühne nicht auf, und die Kinder mussten ihn mit Gewalt aufreißen.
Plötzlich gab es einen großen Lärm, und alle Kinder erschraken, denn
der ganze Vorhang fiel herunter, und das Schlimmste war, dass Herr
Marx über den Vorhang stolperte und sich so verfing, dass er nicht mehr
wusste, wo oben oder unten war. Er wurde so rot wie eine Tomate, und
das ganze Publikum lachte über ihn. Er brauchte mehrere Minuten, bis
er sich befreien konnte. Als er wieder stehen konnte, sagte der Lehrer
zu Eva: »Nimm dir das Mikrofon und sprich zum Publikum: »Könnt ihr
bitte einen kurzen Moment vor der Türe warten, bitte macht die Türe zu.
Danke!« Eva sagte es dem Publikum aufgeregt, und alle Leute liefen vor
die Tür. Natürlich dachten die Zuschauer, dass sei Teil des Theaterstücks,
und Karls Vater applaudierte sogar laut.
Nach ein paar Minuten war es so weit, sie konnten mit der Vorführung
beginnen, und zum Glück passierte während des Stückes nichts mehr.
Als das Stück zu Ende war, waren alle begeistert vom Theaterstück.
Danach, als fast alle gegangen waren, sagte der Lehrer zu den Kindern:
»Ihr wart klasse.« »Danke!«, riefen die Kinder, und Gustav schrie in die
ganze Aula: »Herr Marx, Sie waren echt lustig, als Sie über den Vorhang
gestolpert sind, denn Sie wurden so rot wie eine Tomate.« Als Gustav
fertig gesprochen hatte, musste Marie so laut lachen, dass die anderen
Kinder mitlachen mussten. Auch Herr Marx musste lachen. Zuletzt gingen
sie alle zusammen Eis essen und freuten sich über die Theateraufführung, die ein gutes Ende genommen hatte.

(Miriam, 9 Jahre)

5. Übung: Science-Fiction

Eine Science-Fiction ist eine Geschichte, die in der Zukunft spielt.
Weil niemand weiß, was die Zukunft bringt und wie wir in zwanzig oder hundert Jahren leben, muss man dafür oft eine neue Welt
erfinden.

Wer: Zwei medizinische Forscher: Herr Altum, fünfundvierzig
Jahre, alleinstehend, ein wenig verschroben, der nur für seine Arbeit
lebt, und Herr Würz, der um jeden Preis berühmt werden will.

Wo: Ein geheimes Forschungslabor, in dem künstlich Menschen erzeugt werden. Außer den Forschern weiß niemand von dem Labor.

Was: Die beiden Forscher haben eine Methode entwickelt, mit der sie im Reagenzglas künstlich Menschen erzeugen können. Allerdings ist die Methode noch neu und niemand weiß genau, was für Menschen dabei herauskommen.

Beispiel 1: Das Menschenrezept

Im Jahre 3150 stürmt Herr Würz, der Mediziner, mit einer Zeitung in der Hand in die Wohnung von Herrn Altum, der ebenfalls Mediziner ist. Voller Wut knallt er die Zeitung auf den kleinen Tisch im Schlafzimmer, so dass Herr Altum vor lauter Schreck fast aus dem Bett fällt. »Herr Altum, wachen Sie auf! Wir sind immer noch nicht in der Zeitung, obwohl wir die erste gesunde Schokolade erfunden haben!«, schreit Herr Würz mit wütender Stimme. Dann sieht Herr Würz verwundert auf Herr Altums Füße herab und fragt mit großen Augen: »Warum um Gottes Willen haben Sie Ihre Schuhe im Bett an?« Erst jetzt bemerkt es auch Herr Altum und ihm fällt seine sonderbare nächtliche Begegnung mit einem Außerirdischen ein. »Ich glaube, ich habe einen Alien in meinem Garten gesehen, der einen Zettel im Blumenbeet versteckt hat«, grübelt Herr Altum. Als Herr Würz das hört, lacht er sich halb tot. Aber Herr Altum lässt sich das nicht gefallen, springt hellwach aus dem Bett und brüllt: »Ich werde es Ihnen beweisen: Erstens habe ich meine Schuhe noch an und zweitens werden wir jetzt in meinem Garten nachschauen!«

Als sie im Garten ankommen, entdecken sie versteckt im Blumenbeet einen Zettel mit einer Botschaft in einer fremden Sprache: »Bitto Menschon herstollen. Se sallen kräftog sein. Wer habon nach ken Zuhause. Bitto scheckt de Menschon donn met Wurkzegen za ans af dan Plunatus Marsus domut sei ans Horser bauer. Hobe Rezopt om Labur vorstackt. Kaiserrrrr Glirutschlidie.« »Wow, ich glaub's ja gar nicht, Sie hatten tatsächlich heute Nacht einen Alien in Ihrem Garten!«, sagt Herr Würz. Als sie den Zettel ein paar Mal durchgelesen haben, verstehen sie alles. Da fällt Herr Altum ein: »Kommen Sie, wir dürfen keine Zeit verlieren, die Außerirdischen brauchen unsere Hilfe. Gehen wir schnell ins Labor und suchen das Rezept!«

Im Labor angekommen, brauchen sie erst einmal eine Weile, bis sie das Rezept hinter dem Laserstrahlgerät finden. Mit staunenden Augen lesen sie es durch: »Hollo Erdblubbwersus, hiro isos dos Rezubert flür do krünstJocho Menschon: 2 Krotenaukulen, 2 Hosnboblo von iner Mönchen, Hosnboblo schlomig ruhn. PS. Mu Manschlhorstullmischane goht ös busar.« Als sie das Rezept endlich verstanden haben, sagt Herr

Würz: »Ich denke, dass wir die Zutaten alle hier haben. Dann kann es ja losgehen! Zum Glück haben wir seit langer Zeit unsere Menschenherstellmaschine, die wir leider noch nie ausprobieren konnten, doch jetzt ist die Zeit gekommen!« Als sie die Hasenboller schaumig gerührt haben, fügen sie sie in einen Becher, in den dann auch die Krötenaugen reinkommen. Sie stellen es in die Menschenherstellmaschine und schalten die Maschine an. Am Display der Maschine wird angezeigt, wie lange es dauert. Es zeigt an: »3.3.3150, 07:30 Uhr = Schluss, Wecker?« Herr Altum stellt den Wecker und starrt auf den Becher. »Herr Altum, schlafen Sie gerade im Stehen ein?«, fragt Herr Würz. »Nein, aber lassen Sie uns im Büro übernachten«, antwortet Herr Altum.

Am Morgen: Pip, Pip, Pip. Der Wecker wird immer schneller. Herr Würz wacht auf und schreit: »Herr Altum, die Maschine ist fertig!« Beide rennen blitzschnell zur Menschenherstellmaschine und öffnen die Tür. Sie starren mit offenem Mund auf das Ergebnis. »Na super, der Mensch ist so klein, dass er kaum eine Erbse heben kann!«, spricht Herr Würz. »Jetzt warten Sie doch mal«, redet Herr Altum auf Herrn Würz ein, »lassen Sie es uns doch einfach ausprobieren, wir geben ihm einen Schraubenzieher!« Als sie sehen, dass der Winzling den Schraubenzieher mit einem Finger hochhebt, sind sie sprachlos. »Warten Sie einen Moment, ich glaube, ich habe noch unser selbst erstelltes Medikament, mit dem man größer wird«, fällt Herrn Würz ein. Blitzschnell rennt er in den Vorratsraum, wo sie so Zeug hintun. Herr Altum rennt ihm hinterher und hilft ihm beim Suchen. Mit dem Medikament und einem Löffel kommen die beiden zurück. »Erst geben wir dem Kleinen einen Löffel«, flüstert Herr Altum, damit der kleine Mensch nichts hört. »So, du Kleiner, kannst du mal den Mund aufmachen?«, fragt Herr Würz den Menschen. Mit zarter Stimme sagt der Mensch: »Ja, gerne.« Er öffnet seinen Mund, und Herr Würz steckt vorsichtig den Löffel in den Mund des Winzlings …

(Nadine-Tanja, 10 Jahre)

6. Übung: Gruselgeschichte

Eine Gruselgeschichte ist eine Geschichte, bei deren Erzählen oder Lesen es einem eiskalt den Rücken hinunterläuft, weil es da von Gespenstern und unheimlichen Dingen nur so wimmelt.

Wer: Lady und Lord Chatterfield und Monsieur Valverde, der vor zweihundert Jahren gestorben ist, aber so lange keine Ruhe findet, bis er einen Kuss von einer lebenden Frau bekommt, den er sich von Lady Chatterfield erhofft.

Wo: Ein altes Schloss mit Türmen, Erkern, vielen Zimmern und

Geheimgängen, die man betreten kann, indem man auf ein Bild drückt oder an einer Lampe reibt.

Was: Lady und Lord Chatterfield sitzen beim Frühstück, das sie an einer so langen Tafel einnehmen, dass sie beinahe schreien müssen, um sich zu verständigen. Es ist ein Klopfen an der Wand zu hören, weil Monsieur Valverde sich in einem der Geheimgänge verlaufen hat und einen Ausgang sucht. Lord Chatterfield, der ein wenig schwerhörig ist, hört es nicht, aber seine Frau wird sehr nervös.

Beispiel 1: Die Nacht des Grauens
»Wo kann das denn nur sein? Ach, komm schon!«, jammerte Lukas. Lukas war ein Junge von zehn Jahren. »Verflixt noch mal! Wo ist denn dieser Mist!«, schimpfte er in sich hinein. »Ich brauch das Buch doch für heute Abend.« Lukas und seine Klasse 4a wollten nämlich heute in der Schule übernachten. Sie machten einen Gruselbuchabend. Endlich, siehe da: Lukas zog ein altes, verstaubtes Buch aus dem Karton. »Sag ich doch, das Auf-den-Dachboden-Gehen hat sich gelohnt.« Mit zufriedener Miene stieg er, das Buch unter dem Arm, die Leiter herunter. Auf dem Buch stand nur in uralter Schrift: »Schwarze Magie!« Schon rannte Lukas ins Wohnzimmer und verabschiedete sich von Mama und Papa. Papa rief noch hinter ihm her: »Was ist denn das für ein Buch, das du da in der Hand hast?« »Ach, es heißt ›Schwarze Magie‹.« »Vielleicht solltest du ein anderes Buch mitnehmen! Ich habe so komische Sachen darüber gehört«, sorgte sich Papa. »Ach was, das sind doch nur Schauermärchen«, lachte Lukas und rannte aus dem Haus.
Fröhlich hopste er zur Schule. Es dämmerte bereits. Die Lehrerin, Frau Kreuslinger, und seine restliche Klasse warteten schon auf ihn. »Da bist du ja Lukas«, rief sein Freund Sam. »So, jetzt verteilt euch mal schön im Klassenzimmer und richtet euer Nachtlager her«, sagte die Lehrerin. »Hey, Sam, wollen wir uns hinten in die Ecke legen?«, fragte Lukas. »Okay, das wird sicher lustig.« Die Klasse redetet noch lange über dies und das. Punkt 12 Uhr Mitternacht meinte die Lehrerin: »So, nun holt mal eure Gruselbücher raus. Lukas, du fängst an!« »Okay.« Er las vor: »Schwarze Magie.« Doch als er das Buch öffnen wollte, krachte es plötzlich. Das Fenster zerfiel in tausend Glassplitter. Der Wind von draußen blies hinein und riss ihm das Buch aus der Hand. Nun begann der Teufelskreis!!!!! Erst war auf dem Gang vor der Tür ein leises, schleifendes Geräusch zu hören. Dann wurde es lauter und ein Angst einflößendes Geräusch kam hinzu. Frau Kreuslinger schrie vor lauter Angst auf. Der Rest der Klasse schwitzte kalten Angstschweiß aus. Das Geräusch war jetzt direkt vor der Tür. Auf dem Gang verstärkte es sich noch. Da passierte es: Die Türklinke bewegte sich langsam nach unten, und die Tür ging knarrend auf. Vor der

Tür zeigte sich der Klasse ein widerliches Bild: Ein toter Sensenmann!!!
Eines seiner Augen hing zerfetzt aus seiner Augenhöhle. Es wurde nur
noch von zwei Adern gehalten. Sein Schädel war blank, außer ein paar
blutigen Hautfetzen, die an ihm klebten. In seinen Skeletthänden hielt
er zwei Sensen …

(Florian, 10 Jahre)

Drei Narren in einem Käfig

In den folgenden Übungen stehen die Figuren im Vordergrund. Um
eine Geschichte zu entwickeln, braucht man etwa drei bis vier Personen, die man ganz genau beschreibt. Dabei ist es wichtig, dass man
den Figuren Namen gibt, ein bestimmtes Alter und Aussehen und sie
mit bestimmten Eigenschaften ausstattet. Um es mit der Erzählung
leicht zu haben, sollte man seine Figuren so gut wie möglich kennen
und beschreiben, sowohl innerlich als auch äußerlich. Dafür notierst
du am besten, wie sie aussehen, was sie denken, fühlen und machen.
Du kannst dir für deine Erzählung eigene Figuren ausdenken oder
die Figuren aus den folgenden Beispielen nehmen, wobei du die
Figuren aus den Beispielen auch mischen darfst, ganz, wie du es für
deine Geschichte brauchst. Wähle einfach die Personen, die dich
interessieren oder die du magst, oder erfinde eigene. Dabei kannst du
auch Personen nehmen, die du kennst und neue Eigenschaften oder
Marotten hinzudichten. Nachdem du drei bis vier Personen beschrieben oder Personen aus den Beispielen genommen hast, überlegst du
dir einen Ort, an dem sie zusammentreffen, zum Beispiel in einem
Zugabteil, in einem Restaurant, auf einem Fest, bei einer Expedition
oder in einem Mietshaus.

Übungen 1–2

1. Übung

Silvana: 43 Jahre alt, schön, grazil, sehr weiblich, hat einen Doktortitel,
zwei linke Hände und Füße, trägt bevorzugt Minirock und Rollkra-
genpullover, hält sich für musikalisch, singt aber falsch, ist beruflich
erfolgreich und arbeitet in einem Managementunternehmen.

Paul: 35 Jahre alt, hat ein gepflegtes Aussehen, ist klein und schlank, trägt eine Brille mit runden Gläsern, kommt aus Hannover und spricht hochdeutsch, ist Jazz-Pianist, gibt sich intellektuell, zuweilen ein wenig arrogant, hat einen dunklen Teint, feingliedrige Hände und zwei verschiedenfarbige Augen.

Gustav: 24 Jahre alt, ist ein kleiner Typ mit einer langen Nase und Segelohren, ist am ganzen Körper behaart, hat einen verschlagenen Gesichtsausdruck und kann sehr gemein und hinterlistig sein.

Jesse: achtzehn Jahre alt, trägt schwarze Kleidung, spielt Schlagzeug, träumt vom Auftritt bei »Deutschland sucht den Superstar«.

Beispiel 1

Die genannten vier Personen treffen in einer Fernsehsendung namens »Herzblatt« aufeinander. Bei der Sendung gibt es zwei Runden. In der ersten Runde sucht eine Frau aus drei Kandidaten ihren Favoriten aus, um mit ihm ein vom Fernsehsender bezahltes Wochenende zu verbringen, und in der zweiten Runde ist es umgekehrt, ein Mann darf aus drei Kandidatinnen sein »Herzblatt« auswählen. Um herauszufinden, welcher Kandidat für die Frau oder den Mann passend ist, darf die oder der Auswählende drei Fragen stellen, die von jedem Kandidaten zu beantwortet sind. Vor der endgültigen Auswahl des »Herzblattes« kommt, durch eine Stimme aus dem »Off«, also aus dem Hintergrund und unsichtbar, noch mal eine Zusammenfassung der Antworten, die zugleich eine Charakterisierung der Personen darstellt. In unserer Erzählung wählt Silvana durch Fragen aus den drei männlichen Kandidaten, Paul, Gustav und Jesse, ihr Herzblatt.

Silvana: Was würdest du tun oder sagen, wenn du erfährst, dass ich zwei linke Schuhe trage?

Paul: Mit deiner süßen Stimme würde ich dich auf Händen tragen.

Gustav: Ich würde die beiden rechten dazu anziehen.

Jesse: Mir geht es mit den Socken immer so.

Silvana: Du hast Geburtstag, ich singe dir folgendes Geburtstagslied: Happy birthday to you, happy birthday to you (singt laut und falsch).

Paul: Ich spiele die Harfe dazu.

Gustav: Ich würde dir das Singen beibringen.

Jesse: Dann könnten wir beide zusammen bei »Deutschland sucht den Superstar« auftreten.

Silvana: Ich habe einen Doktortitel und bin erfolgreich. Was bist du?

Paul: Ich bin der Knopf an deiner Bluse.

Gustav: Was ich bin? Wenn ich das wüsste. Vielleicht erklärst du es mir irgendwann einmal.

Jesse: Ich werde ein berühmter Schlagzeuger, ohne Doktortitel, aber mit viel Geld.

Stimme aus dem Off: So, liebe Silvana, nun hast du die Wahl. Da ist Paul, der Knopf an deiner Bluse, der dich auf Händen tragen und dazu die Harfe spielen will, oder Gustav, der nicht weiß, wer er ist, aber an beide Füße rechte Schuhe ziehen und dir das Singen beibringen will, oder Jesse, der nur linke Socken hat, Schlagzeuger und deutscher Superstar mit viel Geld werden will. Für welchen der Kandidaten entscheidest du dich? Silvana wählt Jesse. Sie stehen jeweils auf einer Seite einer Trennwand und fallen sich, nachdem diese langsam zur Seite gefahren ist, in die Arme.

(Ann-Kathrin, 15 Jahre; Barbara, 16 Jahre;
Annette, 15 Jahre; Daniela, 16 Jahre)

2. Übung

Charles-Henri: 26 Jahre alt, ein blond gelockter Jüngling, der gerne Fahrrad fährt, zudem ein schlechter einsamer Aktzeichner ist, der viel weint; er ist tätowiert und gepierct, dealt mit allem, was sich verkaufen lässt, zuweilen auch mit Drogen; er ist Giselas Onkel.

Gisela: 13 Jahre alt, lebt auf dem Land, hilft ihren Eltern bei der Landwirtschaft, geht nebenbei in die Schule, macht aber selten Hausaufgaben, ist klein, liebreizend, ehrlich, offen und treu, isst mit Vorliebe Äpfel mit Würmern.

Helmut: 35 Jahre alt, hat eine helle Haut und rötliche Haare, strahlend blaue Augen, ist ein wenig steif und ungeschickt, spricht leise, hat Angst vor fremden Menschen, ist im Beruf wenig erfolgreich, ein Reisender aus Bayern, der alle möglichen Allergien hat.

Pierre: 29 Jahre alt, ist Schafzüchter, Fels in der Brandung, steht mit beiden Beinen auf dem Boden, ist meist barfuß unterwegs, bewahrt immer die Ruhe und den Überblick, außer, er wird in seiner Freiheit eingeschränkt, dann bekommt er Panik.

Beispiel 1

KNAAAAACK!!! (... unbedingt REISWAFFELN knacken lassen!!! ... das kann Helena am besten ... vielleicht hilft sie euch ja dabei ...) Bei einer Drogenkontrolle in einem Reisebus, der in Marokkos Bergen unterwegs ist, werden vier Personen festgenommen: Gisela, ein 13-jähriges Mädchen, ihr Onkel Charles-Henri, ein Lebenskünstler, Helmut, ein erfolgloser Reisender, und Pierre, ein Fels in der Brandung. Alle vier sind unschuldig, landen aber im Gefängnis von Casablanca. Pierre ist wie immer geerdet und versucht, die anderen zu beruhigen. Gisela und Charles-Henri sind in Tränen aufgelöst und Helmut entdeckt seine weibliche Seite, himmelt die braungebrannten, stolzen, uniformierten Polizisten an und denkt: Sauber, sauber! Charles-Henri nimmt seine Nichte Gisela in die Arme und versucht sie mit den Worten zu beruhigen: »Schau mir in die Augen, Kleines.« Plötzlich entdeckt Helmut Kakerlaken, bekommt einen allergischen Ausschlag und stößt hysterische Schreie aus. Pierre, der barfuß unterwegs ist, macht sich Sorgen um seine Leinenhose und sein weißes Hemd und verliert durch den Freiheitsentzug die Fassung. Die ausgehungerte Gisela schnappt sich eine Kakerlake und verspeist diese als Wurmersatz. KNACK! Daraufhin muss sich Pierre über Helmuts schlanke Gestalt übergeben. Charles-Henri versucht verzweifelt mit seinem Blackberry Kontakt zur Außenwelt herzustellen, um seinen Dealer-Ring zu warnen und glimpflich aus diesem dunklen Loch herauszukommen. Doch er hat keinen Empfang. Deshalb besticht er die Polizisten. Helmut rastet zum ersten Mal in seinem Leben aus. Erneutes KNACKEN ertönt … Der hübsche, tief verwurzelte, tierliebe Pierre verliert sein positives Denken und schaut nur seine schwarzen, nackten Füße an. KNACK! Und wenn sie nicht entkommen sind, so hört man heute noch ein leises KNACK.

(Helena, 16 Jahre; Marie-Luise, 14 Jahre;
Ruth-Eva, 15 Jahre; Christina, 14 Jahre)

Kinder sind Erfinder

Dann bleibt das Tier mit einem Ruck, mitten im Spazieren-
gehen, mitten auf der Straße stehen, und es sagt ganz laut
zu sich: »Sicherlich gibt es mich: Ich bin ich!«

Mira Lobe, Das kleine Ich bin ich

Das kleine Ich

Es ist keine einfache Frage, wer man ist. Meist stellen sich diese Frage
eher Erwachsene, weil Kinder damit beschäftigt sind, die Welt zu
entdecken. Zudem scheinen die Antworten klar zu sein: »Ich bin
das Kind meiner Eltern … die Schwester meines Bruders … ein
Schulkind …« Das Buch von Mira Lobe »Das kleine Ich bin ich«
zeigt allerdings, dass auch Kinder zuweilen darüber nachdenken,
wer sie sind, oder sich fragen, ob es sie überhaupt gibt. Solche Fragen
tauchen oft dann auf, wenn Kinder nicht angemessen gesehen und
ihre Bedürfnisse nicht erkannt werden, wenn sie in der Familie in
den Hintergrund oder in der Schule in eine Außenseiterrolle geraten.
Manchmal tragen auch einschneidende Erlebnisse, wie etwa der Tod
eines geliebten Menschen, dazu bei, Kinder zu verunsichern und sich
und ihren Platz im Leben in Frage stellen zu lassen. Oder die Fragen
treten zutage, wenn Kinder sich als nicht genügend oder als falsch
empfinden und gerne anders wären, um etwas besser zu können,
beliebter zu sein oder mehr Freunde zu haben. Kreative Schreibspiele
können helfen zu entdecken, wer man ist und wer man gerne sein
würde. Schriftlich können Rollen ausprobiert und Phantasien gelebt
werden, die helfen, einen eigenen Platz im Leben zu finden oder den
Platz, den man schon hat, anzunehmen.

Übungen 1–4

1. Übung: Ich bin ich

Am besten du schreibst den Satz »Ich bin ich« auf ein Blatt Papier und siehst ihn dir eine Zeit lang an. Vielleicht schreibst du auch nur »Ich« auf einen Zettel und notierst dann alles, was dir dazu einfällt. Wenn es dir zunächst zu schwer erscheint zu beantworten, wer du bist, könntest du damit anfangen, jemand anderen zu beschreiben: Mutter, Vater, Schwester, Bruder, Freund, Freundin. Und auf einem zweiten Zettel beschreibst du dann dich. Du kannst notieren, wie du bist: klein, groß, dick, dünn, lustig, traurig, freundlich und so weiter. Dann kannst du noch beschreiben, wo und mit wem du lebst, wo du in die Schule gehst, was du gerne machst und was nicht so gerne, was dich freut oder traurig macht, worüber du dich ärgerst oder was du toll findest. Und wenn du alles aufgeschrieben hast und es liest, weißt du vielleicht ein bisschen mehr über dich. Für die Übung kannst du auch andere fragen, wie sie dich sehen. Vielleicht beobachtest du dich in der nächsten Woche, als würdest du einen Freund oder eine Freundin beobachten, und schreibst später noch einmal einen zweiten Text.

Beispiel 1
Ich habe eine Schwester. Ich habe am 23. April Geburtstag. Ich sehe gerne Star Wars. Ich und Haotian spielen gerne mit unseren Laserschwertern. Meine besten Freunde sind Haotian und Tobias. Ich spiele im Verein Handball. Haotian und ich mögen seine kleine Schwester nicht. Ich mag meine Schwester. Ich habe eine Familie. Ich spiele gerne Star Wars Clone Wars und Wii Lego Star Wars. Ich bin bei Star Wars der Sohn Kigo-Gong, und Haotian ist der Sohn von Obi-wan-kenobi, und ich habe Blitze und Macht und Obi-wan-kenobi hat nur Macht.

(Ben, 9 Jahre)

Beispiel 2
Ich bin Lissandro. Ich komme aus Reichenbach und gehe in die ASS. Ich bin am 28.2.01 in Karlsruhe geboren. Mein Typ ist weniger Phantasie, aber mehr Realität, mehr Elektronik, weniger Religion. Ich hasse Religion, besonders bei Frau L.

(Lissandro, 9 Jahre)

Beispiel 3
Ich bin acht Jahre alt und habe eine Zwillingsschwester; sie heißt Franziska. Meine Mama heißt Vanessa und mein Papa Tillman. Und mein Cousin ist toll und ist o Jahre. Und ich habe ein Haustier, einen Hasen, er heißt Zwerg. Die großen Jungs sind doof. Ich liebe Spiele. Ich liebe Eis, und ich liebe Tiere. Aber meine Schwester ist manchmal echt doof. Und meine Schwester wurde mit vier Jahren eingeschult.

(Sophia Arlina, 8 Jahre)

2. Übung: Ich wäre gerne …

Vielleicht kennst du das Gefühl, manchmal anders sein zu wollen, als du bist. Wenn du in bestimmten Situationen zum Beispiel Angst hast, wärst du vielleicht gerne mutiger oder du wärst gerne stärker, wenn du dich gerade schwach fühlst. Wenn dir Dinge verboten werden, wärst du vielleicht gerne schon erwachsen. Oder du hast das Gefühl, dass andere vielleicht denken, dass du langweilig bist, obwohl du ganz viele Ideen hast, die du nur nicht alle erzählst. Jetzt hast du die Gelegenheit, zu beschreiben, wie du gerne wärst.

Beispiel 1
Ich wäre gerne erwachsen und ganz mutig. Stark wäre ich auch gerne und sehr groß. Reich will ich sein, weil ich mir dann alles kaufen kann. Und wenn ich groß bin, kann mir keiner was verbieten.

(Sarah, 8 Jahre)

Beispiel 2
Wenn ich anders wäre, wäre ich berühmt. Ich will nicht, dass andere denken, ich wäre gemein. Ich will, dass meine beste Freundin mit mir auf die gleiche Schule geht. Ich will, dass mein Papa immer daheim ist, aber trotzdem Geld bekommt, bevor er in Rente geht.

(Tabea, 9 Jahre)

Beispiel 3
Ich würde gerne mehr Taschengeld kriegen. Ich würde gerne in Sport besser sein und würde nie meine Eltern eintauschen.

(Katrin, 9 Jahre)

3. Übung: Ich bin ein berühmter, eine berühmte …

In dieser Übung kannst jede beliebige berühmte Person sein, die du vielleicht gerne einmal wärst: ein Filmstar, ein Sänger, ein berühmter

Sportler, ein Politiker und so weiter. Du hast Fans, die dir zujubeln, und viel Geld, so dass du im ganzen Land herumreisen und in vornehmen Hotels übernachten kannst. Wie würde dir ein solches Leben gefallen? Was würden deine Eltern dazu sagen? Müsstest du in deinem neuen Leben trotzdem noch in den Kindergarten oder die Schule gehen? Oder sind »Stars« von der Schule befreit? Schreib eine Geschichte, wie es wäre, plötzlich ganz fürchterlich berühmt zu sein. Vielleicht fändest du es aber auch gar nicht toll, berühmt zu sein, sondern bist ganz froh, nicht berühmt zu sein. Dann schreibst du eben das und vielleicht noch, was an deinem Leben viel schöner und besser ist als an dem Leben einer berühmten Person.

Beispiel 1
Ich will eine Königin sein und über ein ganzes Land bestimmen.

(Lena, 9 Jahre)

Beispiel 2
Ich bin ein Jedi-Ritter, habe ein Laserschwert, und ich habe so viel Geld: 99999999999999999999999999999999999999999999999 und noch Billiarden unendlich dazu.

(Ben, 9 Jahre)

Beispiel 3
Ich bin ein Mensch, ich bin ein Tier, ich bin ein Profi-König, ich bin ein Star, ich bin ein Pups, ich bin ein Profi-Sportler und alles zusammen.

(Leon, 9 Jahre)

4. Übung: Ich bin jedes Tier, das ich sein will

Stell dir vor, du bist ein Tier, zunächst vielleicht ein großes Tier, beispielsweise ein Pferd, ein Hund, ein Elefant, ein Tiger oder ein Nilpferd. Und dann kannst du dir vorstellen, wie es wäre, ein kleines Tier zu sein, eine Maus, eine Fliege oder ein Floh, so dass du dich gut verstecken kannst. Natürlich ändert sich deine Sicht, sobald sich deine Größe verändert. Als Elefant kommt dir ein Grashalm beispielsweise ganz klein vor, während er riesig wird, wenn du dich in einen Floh verwandelst. Vielleicht probierst du in deiner Vorstellung einmal ein Tier aus, das ganz groß ist, und einmal eines, das sehr klein ist, damit du die Unterschiede kennenlernst.

Beispiel 1
Ich will als großes Tier ein Elefant sein, weil er so groß und stark ist.
Und als kleines Tier will ich eine Schildkröte sein, weil sie sich einziehen
kann.

(Anna, 8 Jahre)

Beispiel 2
Als großes Tier will ich ein Drache sein, weil Drachen Feuer spucken
können. Und als kleines Tier will ich Plankton sein, weil es so klein ist.

(Okan, 8 Jahre)

Beispiel 3
Ich bin gerne ein Delphin, weil er süß ist, und ich bin gerne ein Schmet-
terling.

(Sheila, 8 Jahre)

Wundermittel & Co.

Wer hätte nicht schon einmal davon geträumt, etwas ganz Besonderes
zu erfinden, einen Umhang zu besitzen, der einen unsichtbar macht,
ohne Flugzeug fliegen zu können, ein Engel zu sein oder so klein, dass
man als Geist in eine Flasche passt. Dass man in Geschichten Tiere und
Gegenstände sprechen und denken lassen kann, ist ja nichts Neues. Die
Leute, die sich mit Sprache beschäftigen, haben dafür sogar extra ein
Wort erfunden. Es heißt »Personifikation« und klingt fast ein bisschen
wie das von Pippi Langstrumpf erfundene Wort »Plutimikation« (für
Multiplikation). Personifikation bedeutet aber nichts anderes, als dass
man Dingen und Tieren menschliche Eigenschaften verleiht, also Tiere
und Gegenstände zum Beispiel sprechen, denken und handeln lässt
(siehe Personifikation, Seite 118). Und das kann für das Schreiben von
Geschichten ganz schön hilfreich sein.

Übungen 1–7

1. Übung: Die Wunderpille
Du hast eine Wunderpille erfunden. Und nun wollen natürlich alle
wissen, was deine Wunderpille kann. Kann sie Erkältungen weg-

zaubern? Wirkt sie vielleicht gegen Krebs und macht sehr kranke Menschen wieder gesund? Oder hilft sie älteren Menschen, sich besser zu erinnern, oder verhindert sie, dass Menschen sterben, so dass alle Menschen ewig leben? Vielleicht kann deine Pille auch alles auf einmal oder wirkt bei jedem Menschen anders, so dass sie Kinder groß werden lässt und Erwachsene zu Zwergen macht. Was immer dir einfällt, du bist der Erfinder der Wunderpille und bestimmst, was sie kann. Vielleicht denkst du dir auch eine Person aus, die deine Pille nimmt, und beschreibst, was mit ihr passiert.

Beispiel 1
Ich habe die beste Erfindung gemacht: Eine Wunderpille, die Mädchen zu coolen Feen und Jungs zu lustigen Elfen macht. Ich habe vier Personen, die sich was wünschen: zwei Mädchen, zwölf und vierundzwanzig Jahre, und zwei Jungs, dreizehn und zwanzig Jahre. Meine Versuche: Mädchen, zwölf Jahre: Wünscht sich, dass ihre Lehrerin netter ist. Sie isst die Pille und wird zur Fee! Sie sagt: »Dass ist unglaublich, meine fiese Lehrerin ist wieder nett, und ich bin eine Fee! Toll!« Mädchen, vierundzwanzig Jahre: Wünscht sich, dass ihre Geschwister wieder leben. Sie fragt: »Wie haben Sie oder ich das gemacht? Meine drei Schwestern und zwei Brüder leben wieder. Sie heißen Joggi, Lailena, Kakelin, Chat und Tat!« Junge, dreizehn Jahre: Wünscht sich, dass er besser in der Schule ist. Dann passiert es: Er verschluckt die Pille und bekommt einen großen Kopf. Seitdem liegt er in der Klinik auf der Intensivstation. Junge, zwanzig Jahre: Wünscht sich, dass seine Schwester Pickel bekommt. Er schluckt die Pille und … ooh, ooh, ooh, ooh! Ahh, ahh, Hilfe! Er bekommt ganz viele Pickel und stirbt. Achtung: Meine Pille funktioniert nicht bei Jungs!

(Sabine, 11 Jahre)

2. Übung: Unsichtbar für einen Tag

Das kennst du sicher aus Büchern. Da kommt eine gute Fee und … nein, dieses Mal geht es nicht um drei Wünsche, die man frei hat, sondern um einen besonderen Umhang, den die Fee dir gibt. Es ist ein weißer Umhang, der aussieht wie ein ganz normales Bettlaken. Aber die Fee erzählt dir, dass der Umhang dich unsichtbar macht. Sobald du ihn über dich hängst, kann dich niemand mehr sehen. Du aber kannst machen, was du willst, durch Wände oder übers Wasser gehen, auf Hochhäuser klettern und fliegen. Auch kannst du Leute besuchen, die du gar nicht kennst. Du kannst dich zu ihnen in die Wohnung setzen, hören, was sie sagen, und beobachten, was sie machen. Du kannst Gegenstände verrücken oder durchs Zimmer schweben lassen. Leider wirkt der Umhang nur vierundzwanzig Stunden. Überleg dir also gut, was du in dieser Zeit machen willst und erzähl uns davon.

Beispiel 1
Jochen und Horst wollten wie immer Superheld spielen. Sie fanden zwei Umhänge und zogen sie an. Und plötzlich waren sie unsichtbar. Da kam Jochen auf die Idee, den Menschen in der Stadt einen Streich zu spielen. Er ging in die Garage, holte sein Quad und fuhr damit durch die Stadt. Alle Einwohner staunten, dass ein Motorrad, auch wenn es vier Räder hat, ohne Fahrer fahren kann. Als es Nacht wurde, war Jochen allerdings wieder sichtbar und das Benzin war leer, so dass er sein Quad nach Hause schieben musste. Als er endlich zu Hause ankam, war er so müde, dass er sich gleich ins Bett legte und sofort einschlief.

(Sinan, 10 Jahre)

3. Übung: Engel sind Wesen, die ...

Vielleicht hast du dich schon einmal gefragt, ob es Engel gibt und was sie machen. Ob sie auf einer Wolke sitzen und den Menschen zusehen und helfen. Beobachten sie die Menschen und fliegen dahin, wo sie gebraucht werden? Gibt es Engel? Schlafen sie, stehen auf, frühstücken und gehen arbeiten? Gibt es eine Engelschule, in der man lernt, wie man sich als Engel zu benehmen hat, was man zu tun hat? Vielleicht möchtest du für eine kurze Zeit selbst gerne einmal ein Engel sein.

Beispiel 1
In der Mittagszeit kommen Engel, sechs um genau zu sein. Jeder der sechs Engel hat ein Gebiet auf der Welt. Einer heißt Kamelius und kümmert sich um Australien. Der andere heißt Sen und kümmert sich um Asien. Dann gibt es Zwillinge, sie haben auch den gleichen Namen, nämlich Sebastian. Sie kümmern sich um Nord- und Südamerika. Dann gibt es noch ein Mädchen. Es heißt Sabine und kümmert sich um Europa. Der letzte Engel kümmert sich um die Antarktis und heißt Frosti. Jeder und jede haben was gemeinsam: Sie kümmern sich um das Wetter und den Weltfrieden und helfen, wenn jemand Hilfe braucht.

(Markus, 11 Jahre)

4. Übung: Der Flaschengeist

Sicher kennst du zahlreiche Erzählungen über Flaschengeister. Aber diese Geschichte wird eine besondere, weil es deine ist und weil es natürlich die vom unbekannten Flaschengeist ist. Es war einmal eine ganz normale Wasserflasche, und obwohl deine Mutter immer sagt, man soll nicht aus der Flasche trinken, hast du genau das gemacht. Kaum allerdings, dass du den letzten Schluck getrunken hast, spricht aus der Flasche eine Stimme zu dir. Wer verdammt noch mal steckt in dieser Wasserflasche? Wie ist er hineingekommen? Ist es ein guter oder böser Geist? Du überlegst, ob du ihn aus der Flasche lässt oder den Deckel lieber schnell wieder auf die Flasche schraubst. Was sagt der Geist? Was antwortest du? Vielleicht werdet ihr ein Team.

Beispiel 1
Heute trank ich mal wieder aus der Flasche. Als ich den letzten Schluck trank, hörte ich auf einmal eine Stimme, die sagte: »Ey, was trinkst du aus der Flasche? Das ist mein Haus!« Ich schraubte sofort den Deckel wieder auf die Flasche. Nach einer Weile öffnete ich die Flasche wieder und fragte den Geist, ob er böse oder nett sei. Er sagte: »Nett und witzig.« Und das Beste sei, dass er zaubern könne. Als ich ihn fragte, wie er in die Flasche gekommen sei, sagte er, dass er hineingeflogen sei und sich dann in der Flasche einquartiert habe. Da hatte ich plötzlich keine Angst mehr vor dem Geist. Wir wurden dicke Freunde, ein tolles Team und erlebten viele Abenteuer.

(Tobias, 11 Jahre)

5. Übung: Die Jacke legt sich aufs Bett und träumt

Du kommst von der Schule nach Hause und wirfst deine Jacke aufs Bett. Kaum, dass sie dort liegt, fällt sie in einen tiefen Schlaf und fängt an zu träumen. Im Traum begegnet sie einer anderen Jacke. Deine Jacke ist eine warme Winterjacke mit einer schicken Kapuze. Die Jacke, die sie trifft, ist eine Sommerjacke. Und deine Winterjacke fragt die Sommerjacke, woher sie kommt und wem sie gehört. Und die Sommerjacke beginnt zu erzählen. Sie kommt nämlich aus einem Land, in dem es das ganze Jahr warm ist, so dass sie wenig angezogen wird und sich vernachlässigt fühlt. Deine Jacke, die im Winter oft getragen wird, hat Mitleid mit der Sommerjacke und tröstet sie.

Beispiel 1
Die Jacke sagt: »Du bist schöner als ich. Du hast schönere Farben. Du
bist leichter. Ich habe nur hässliche Farben wie Grau und Schwarz.
Meine Eltern sind nicht nett zu mir. Deine sind einfach netter zu dir.
Und zu mir auch. Und deine Eltern haben auch schöne Farben, meine
nur Grau und Schwarz. Meine Eltern haben nicht so viel Erfahrung wie
deine. Deine Eltern streiten nie. Das tun meine immer, wenn ich da bin.
Meine Eltern sind nur zu meinem Bruder nett. Ich muss in die Schule
und Schulaufgaben machen. Das muss mein Bruder alles nicht. Aber es
würde ihm auch nicht schaden. Er kann nicht lesen und schreiben. Das
kann ich alles schon.«

(Loreen, 11 Jahre)

Übung 6: Da sagt der Tisch zum Stuhl ...

Während du an deinem Schreibtisch sitzt und über einer Matheaufgabe brütest, hörst du eine Stimme: »Und, wie geht es dir heute?« Du
blickst dich um, aber außer dir ist niemand im Zimmer. Verwundert
schüttelst du den Kopf und versuchst dich wieder zu konzentrieren,
als du eine andere, tiefere Stimme sagen hörst: »Hab ja nicht viel
Gewicht zu tragen und nie lange, das geht schon.« Und während du
die Worte hörst, merkst du, wie der Stuhl unter dir leicht wackelt.
Jetzt hält dich natürlich nichts mehr bei der Matheaufgabe, du
springst auf und fängst an, den Stuhl zu untersuchen, der aber aussieht wie immer. Da hörst du wieder die erste, hellere Stimme: »Bei
mir ist es ähnlich. Wenig Gewicht und so zart, wie der Stift geführt
wird, ist es eher ein Kitzeln, denn eine Belastung.« Eindeutig, die
Stimme kam aus deinem Schreibtisch. Und jetzt spricht wieder der
Stuhl: »Besonders fleißig ist er nicht.« Und weil du ahnst, dass du
selbst gemeint bist, machst du den Mund auf, um zu protestieren,
aber bevor du etwas sagen kannst, antwortet der Stuhl. Stuhl und
Tisch unterhalten sich, ohne dich zu beachten, so dass du dir ein Heft
und einen Stift nimmst, dich auf den Boden setzt und aufschreibst,
was sie sagen.

Beispiel 1
Zuerst sagte der Stuhl zum Tisch: »Was macht der jetzt schon wieder?«
Da sagte der Tisch zum Stuhl: »Ja! Ich wusste es! Du willst wissen, was
er macht? Er schreibt alles auf, was wir sagen! Kapierst du das nicht,
Stuhl?« »Doch!«, sagte der Stuhl. Und du schreibst tatsächlich alles auf,

was du hörst, bis deine Mutter dich zum Essen ruft. Verwirrt kommst du an den Tisch, und deine Mutter fragt dich, was los ist. Du erzählst ihr von den sprechenden Möbeln: Tisch und Stuhl! Du zeigst ihr auch, was du aufgeschrieben hast. Dann gehst du mit deiner Mutter in dein Zimmer, um ihr die sprechenden Möbel zu zeigen. Aber plötzlich sind sie gar nicht mehr sprechend. Sie haben keinen Mund mehr! Deine Mutter sagt: »Hast du mich wieder reingelegt? Einfach alles aus deiner Phantasie aufgeschrieben und mich in dein Zimmer gelockt, um nicht essen zu müssen. Du! Das machst du mir nicht mehr!«

(Imke, 10 Jahre)

7. Übung: Italienische Wahrheiten

In Italien gibt es eine antike Maske aus Marmor. Sie wird »Bocca della Verità« genannt, was so viel heißt wie »Mund der Wahrheit«. Einer Legende aus dem Mittelalter zufolge verliert jeder seine Hand, der sie in den Mund der Maske legt und nicht die Wahrheit sagt. Natürlich weißt du, dass man die Wahrheit sagen soll, besonders, wenn es um wichtige Dinge geht. Aber manchmal, wenn es sich zum Beispiel um etwas Unangenehmes handelt, kann es schon hilfreich sein, ein klein wenig zu schwindeln – so etwas nennt man Notlüge. Und obwohl du vor der furchteinflößenden Maske kein bisschen in Not bist, willst du wissen, was passiert, wenn …

Beispiel 1
Ich wollte meine Hand nicht in den Mund der Scheibe legen. Da fragte ein Mann, ob er vor mich könne. Ich sagte: »Na, klar.« Dann steckte er seine Hand in die Maske, und ich sagte: »Bitte, bitte, lüge mal.« Und er log tatsächlich. Auf einmal bekam die antike Maske Hände und Füße und Zähne. Sie packte den Mann und verschlang ihn. Ich hörte ihn um Hilfe rufen. Dann beschloss ich, auch meine Hand in den Mund zu legen. Auch ich log, und die antike Maske verschlang mich. Ich geriet in eine andere Welt. Ich flog, aber nicht tief, und landete auf dem Boden. Ich öffnete meine Augen und sah, dass ich daheim war und geträumt hatte.

(Noemi, 10 Jahre)

Phantastische Hypothesen

Sicher weißt du längst, was eine Hypothese ist, deswegen nur kurz
zur Erinnerung: Eine Hypothese ist eine Annahme, die getroffen
wird und aus der sich bestimmte Schlussfolgerungen ergeben. Im
wissenschaftlichen Bereich werden Hypothesen gemacht und durch
Untersuchungen belegt oder widerlegt. Das klingt langweilig, ist es
aber nicht, schon gar nicht, wenn man das Wissenschaftliche einer
Hypothese mit dem Phantastischen verbindet. Eine phantastische
Hypothese geht nämlich von einer skurrilen, also absurden und
witzigen Annahme aus. Und dann schreibt man alles auf, was passieren könnte, wenn diese phantastische Annahme zutreffen würde.
In den Beispielen findest du einige phantastische Hypothesen, aus
denen sich unter Umständen Geschichten machen lassen. Am besten
man stellt sich für seine Geschichte konkrete Personen vor: Eltern,
Geschwister, Mitschüler, Lehrer, den Bäcker an der Ecke oder den
Kassierer im Supermarkt. Auch kann es hilfreich sein, sich einen
bestimmten Ort vorzustellen, an dem die Geschichte spielt: die
Stadt, in der man wohnt, die Schule, in die man geht, einen Verein,
ein Haus oder eine Wohnung. Stellt man sich die absurden Ideen
nämlich an ganz normalen Orten und mit normalen Menschen
vor, werden sie oft noch witziger als an außergewöhnlichen Orten,
weil dann der Gegensatz zwischen Phantastischem und Normalem
größer wird.

Übungen 1–6

1. Übung

Was wäre, wenn in der nächsten Mathestunde nicht dein Lehrer vor
der Klasse steht, sondern auf dem Pult ein Kaninchen mit Brille sitzt,
das sprechen kann?

Beispiel 1
Es war ein Montagmorgen. Zuerst gab es keine rosigen Aussichten auf
einen besonderen Tag. Nein, ganz im Gegenteil. Unser Stundenplan am
Montag war übersät mit den Fächern, die ich am wenigsten mag. Erste
Stunde Physik, zweite Latein, dritte Mathe, vierte Erdkunde und sechste

und siebte (zu allem Überfluss, als ob der Tag nicht schlimm genug wäre): Geschichte! Als ich endlich, mit Qualen, die ersten beiden Stunden hinter mich gebracht hatte, gongte es zur Pause. Ich ließ alles stehen und liegen – obwohl ich den Hefteintrag noch nicht abgeschrieben hatte – und rannte in den Pausenhof. Ich war die erste Person im Hof, ich musste Luft schnappen, weil ich echt die Nase gestrichen voll hatte. Und jetzt auch noch Mathe! »Ob ich das lebend überstehen werde?«, dachte ich bei mir, als sich nach und nach der Schulhof füllte. Ich zuckte zusammen. Der Schulgong riss mich aus meinen Gedanken, die Pause war zu Ende. Ich schleppte meinen Körper, der sich schwer wie Blei anfühlte, langsam die Treppe hoch, obwohl es einen Aufzug gab. Denn den durften wir nicht benutzen. (Jeden Montagmorgen fragte ich mich, wozu der überhaupt gebaut worden war, außer lauffaule Lehrer vom zweiten in den ersten Stock zu transportieren!) Ich betrat das Klassenzimmer angespannt, weil ich ahnte, dass ich wahrscheinlich abgefragt werden würde! Doch die Situation zeigte sich entspannter als gedacht: unser Mathelehrer, Oberstudienrat (kurz: OstR) Dr. Dr. Prof. Dr. Dr. Prof. Dr. Viermalschlau – er hieß wirklich so, auch wenn mir das keiner auf Anhieb glauben würde – war nicht da! Stattdessen saß dort ein kleines, weißes Kaninchen mit Brille! Wir dachten zuerst, unser Lehrer würde bald noch kommen, aber das tat er nicht. Später, weil alle das Kaninchen herumhoben und streichelten, ließ es einen schrillen Laut von sich, der dem »Ruhe!!« unseres Mathelehrers sehr ähnelte. Als es wieder Laute von sich gab – die wohl irgendeinen Satz bedeuten sollten –, schreckten einige zurück und setzten sich auf ihre Plätze. Nachdem es still geworden war, fing das vermeintliche Kaninchen wieder an zu reden. Nur hielt es keinen Matheunterricht, sondern erzählte uns lauter lustige Sprüche, Witze und Geschichten, die uns alle zum Lachen brachten. Doch die Stunde schien ewig zu dauern. Kein Wunder, denn die Uhr im Klassenzimmer war stehengeblieben. Später merkte ich, dass die Uhr meines Handys ebenfalls stehengeblieben war. Als jemand in die Runde fragte, warum es nicht schon längst zur nächsten Stunde gegongt habe, schauten einige auf ihre Uhren und bemerkten, dass alle komplett unterschiedliche Zeiten anzeigten, obwohl es Funkuhren waren. Schnell bemerkten alle, dass es hier nicht mit rechten Dingen zugehen konnte. Und das Kaninchen begann auf einmal, seltsame Matheformeln, von denen ich noch nie etwas gehört hatte, aufzusagen. Ich fragte schließlich das Kaninchen, was hier passiere, aber es verstand mich nicht, weil es in der Klasse wieder zu laut geworden war. So ging ich also nach vorne, um es noch mal zu fragen. Als ich es genauer betrachtete, sah ich, dass es ganz traurige Augen hatte, die denen unseres Mathelehrers glichen wie kopiert. Ich hatte einen Verdacht (der sich später allerdings als falsch herausstellte), vielleicht war unser Lehrer ja als Kaninchen verzaubert worden. Ja, es trug sogar dieselbe Brille! Ich musste etwas unternehmen! Ich konnte OstR Dr. Dr. Prof. Dr. Dr. Prof. Dr. Viermalschlau zwar noch nie gut leiden, aber ich hatte das Gefühl, dass ich ihm helfen musste, wieder der Alte zu werden. Plötzlich fing der Boden an zu beben. Ein Erdbeben? Nein, ich hörte die Stimme meiner Banknachbarin. »Hey, du bist dran!« »Äh … was?« »Du sollst übersetzen! Circumdare, ora et labora und veni, vidi, vici! Mach schon!«, flüsterte sie mir zu. Erst jetzt begann ich zu begreifen, dass ich in der Lateinstunde eingeschlafen war. War etwa alles nur ein Traum gewesen? Ich verstand die Welt nicht mehr. Ich war so durch den Wind, dass ich nur Gestammel herausbrachte. »Na, hast du mal wieder keine Ahnung von Latein?«, fragte meine Lehrerin mich mit ihrer quietschigen und schrillen Stimme. »Ich … äh … aber … doch … das heißt … nein … oder? Ach, ne … doch …« »Still!!«, donnerte ihre Stimme durch das Zimmer. »Das gibt eine Sechs in meinem Notizbuch!« Na, toll, auch das noch!! Als ich später, nach der nächsten Pause, das Zimmer wieder betrat, fand ich unseren Lehrer, OstR, Dr. Dr. und so weiter, wieder an der Tafel vor. »Danke«, flüsterte er mir leise zu, als ich an ihm vorbeiging, während er sich ein winziges, helles Kaninchenhaar von seinem sauberen, schwarzen Jackett zupfte.

(Katharina, 14 Jahre)

2. Übung

Was wäre, wenn euer Nachbar ein Krokodil statt seines Hundes Gassi führen würde?

Beispiel 1

»Zimboldo, jetzt komm schon«, sagte unser Nachbar, und ich wunderte mich, weil ich zwar wusste, dass er einen Dackel hatte, aber bisher dachte, dass er Rudi hieß. Herr Meuser zog und zerrte an einer sehr breiten Leine, der Dackel musste unter dem Gebüsch sein, denn darin verschwand die Leine. Ich wollte mich schon umdrehen, weil ich sowieso ein wenig spät für die Schule war, als auf einmal etwas Grünes unter dem Busch auftauchte. Rudi war eindeutig nicht grün!! Nein, sagte ich mir, nein, wir sind hier in Deutschland, hier gibt es keine Krokodile! Und wenn, dann wäre der spießige Herr Meuser sicher der Letzte, der ein solches an einer Leine spazieren führen würde. Jetzt hatte Herr Meuser mich bemerkt, blickte aber schnell wieder weg und zog nur noch mehr an der Leine. »Herr Meuser«, begann ich, aber er schnitt mir das Wort ab: »Jetzt nicht, Margot.« Immer hektischer zog er an der Leine, doch das Krokodil wollte in die andere Richtung! Es war bestimmt einen Meter lang und seine Zähne sahen furchterregend aus. »Er tut nichts«, fühlte Herr Meuser sich bemüßigt zu sagen. Wenn ich in der Schule erklären würde, dass ich zu spät kam, weil ich ein Krokodil gesehen hatte, würde der Lehrer bestimmt behaupten, dass ich lüge. »Darf ich es mal anfassen?«, fragte ich, aber Herr Meuser, der eben noch rot gewesen war, wurde blass. »Aber es macht doch nichts«, sagte ich, »das haben Sie doch selbst gesagt.« »Gib mir deine Hand«, sagte er, und obwohl ich es natürlich viel lieber alleine angefasst hätte, gehorchte ich. Es fühlte sich kalt an und ein bisschen wächsern, fast wie aus Gummi. »So«, sagte Herr Meuser, kaum dass meine Fingerspitzen den Rücken berührt hatten, »jetzt genug!« Er zog wieder an der Leine. »Zimboldo, liebster Zimboldo«, säuselte er, und das schien das Krokodil mehr zu mögen als sein Geschrei. Es öffnete die Augen, gähnte und folgte Herrn Meuser brav in den Garten.

(Margot, 14 Jahre)

3. Übung
Was wäre, wenn du morgen aufwachen und beim Anziehen bemerken würdest, dass dir über Nacht Flügel gewachsen sind, und zwar richtige Flügel, nicht angeklebt oder so, sondern fest angewachsen, wie deine Arme und Beine?

Beispiel 1: Flügel für einen Tag
Ich war eine Durchschnittsperson. Schulterlange, blonde Haare, braune Augen, kein sonderlich hübsches Gesicht. Auch der Rest meines Körpers war nicht erwähnenswert. Ich trieb nicht viel Sport, sondern verbrachte meine Freizeit lieber mit lesen oder Musik hören. In der Schule fiel ich nicht so sehr auf, ich war eher die schüchterne Person, die sich lieber versteckte. Aber das sollte sich schlagartig ändern. Am Abend bevor wir in der Schule einen Test in Mathe schrieben, ich konnte den Stoff gar nicht, ging ich früh ins Bett. Mein Kopf tat mir weh, und ich hatte seltsamerweise Schmerzen zwischen meinen Schulterblättern. Dabei hatte ich mich kein bisschen bewegt. In der Nacht träumte ich sehr lebhaft. Ich konnte auf einmal fliegen und flog hoch in den Himmel, bis ich weit über den Wolken war. Die Sonne schien dort so grell, dass ich meine Augen schließen musste. Als ich sie wieder öffnete, lag vor mir auf einmal ein wunderschöner Garten. Ich stand am Ufer eines kleinen Sees, auf dem Enten schwammen. Auf den Kieswegen liefen andere Gestalten, die seltsame Gebilde auf dem Rücken trugen. Als ich genauer hinsah, bemerkte ich, dass die Gebilde Flügel waren und die Personen nicht liefen, sondern schwebten. Nach einer Zeit, ich war durch den Garten geschlendert und hatte die Blumen bewundert, strömten alle Leute auf einen großen Palast zu, der sich plötzlich aus der Erde erhoben hatte.

Ich schloss mich der Menge an, und wir kamen in einen riesigen Saal, der in Blau- und Grautönen gehalten war. Auf einmal ertönte eine Glocke. Die anderen Gestalten beachteten sie nicht, aber nach einer Zeit fing sie an, mich zu stören. Außerdem wurde sie immer lauter und schneller ... Ich schlug die Augen auf. Mein Wecker klingelte wie wild, und ich schlug mit der flachen Hand auf ihn, um ihn auszuschalten. Endlich war Ruhe. Dann bemerkte ich, dass etwas nicht stimmte. Irgendetwas war an meinem Körper zu viel, aber ich konnte dieses Etwas nicht zuordnen. Also kümmerte ich mich nicht weiter darum, sondern stand auf. Während ich das tat, hörte ich ein seltsames Rauschen. Als ich innehielt, hörte auch das Rauschen auf. Ich schüttelte den Kopf und ging ins Bad. Als ich in den Spiegel schaute, erschrak ich, zum einen, weil ich furchtbar geschafft aussah, als ob ich die ganze Nacht durchgerannt wäre. Ich hatte dunkle Ringe unter den Augen, und meine sonst so vollen Haare klebten an meiner Stirn. Doch was mich am meisten schockierte, waren die beiden flügelhaften Etwasse auf meinem Rücken. Es waren Flügel! Sie waren groß und über und über mit flauschigen, weißen Federn besetzt. Ich hatte noch nicht herausgefunden, wie man sie bewegte, aber gerade als ich überlegte, was ich wohl tun müsste, flatterte ich auch schon im Badezimmer herum: Es verhielt sich so wie mit meinen Armen. Ich musste nur daran denken zu fliegen, da tat ich es auch schon. Als ich mich anziehen wollte, bemerkte ich, dass mir die Flügel im Weg waren. Ich kam zwar problemlos in meine Hose hinein, aber das grüne T-Shirt, das ich anziehen wollte, ging nicht über die Flügel. Gerade, als ich zur Schere greifen wollte, um das T-Shirt auf der Rückseite zu zerschneiden, damit ich es über die Flügel ziehen konnte, falteten sich diese ein und legten sich auf meinen Rücken. Die Schule wurde ein größeres Problem. Ich musste mich die ganze Zeit zwingen, nicht ans Fliegen zu denken, und ein paar Mal hätten sich die Flügel fast entfaltet, aber ich bekam zum Glück immer wieder rechtzeitig die Kontrolle zurück. Mathe lief sehr schlecht. Ich konnte mich kein bisschen konzentrieren und hatte, nachdem wir den Test abgeben mussten, noch nicht mal die Hälfte der Aufgaben beantworten können. Auf dem Heimweg, auf der Straße, passierte es dann. Ich sah gerade ein paar Vögeln beim Fliegen zu und stellte mir vor, wie es wohl wäre, da sprangen die beiden Flügel auf meinem Rücken geradezu auf und flatterten wie ein wild gewordenes Huhn. Das T-Shirt zerriss, und ich hob, oben nur noch mit meiner Unterwäsche bekleidet, ab. Der ungewollte Flug ging im Zickzack und hoch und wieder runter. Ich drehte sogar ein oder zwei Loopings. Alle Leute auf der überfüllten Straße schauten mit offenem Mund zu mir hoch. Ich wurde rot wie eine Tomate und wollte am liebsten irgendwo weit weg fliegen. Doch diese verdammten Flügel trugen mich nur bis vor mein Haus und verschwanden dann spurlos. Nur ein paar Federn lagen noch um mich herum. Kurz nach ihrem Verschwinden fühlte ich mich, als ob mir irgendetwas fehlte; doch schon bald gewöhnte ich mich daran, wieder »normal« zu sein. Zum Glück war der Spuk zu Ende. Als ich das meiner Mutter erzählte, glaubte die mir kein Wort. Sie fragte mich, ob ich vielleicht Fieber hätte oder so. Ich schüttelte resigniert den Kopf und gab auf, meiner Mutter die Wahrheit zu sagen. Als Erinnerung an diese kurze Zeit hob ich mir für den Rest meines Lebens drei weiße Federn auf, die sich in meinen Haaren verfangen hatten.

(Jara, 13 Jahre)

4. Übung

Was wäre, wenn der Nachrichtensprecher im Fernsehen auf einmal nackt wäre?

Beispiel 1

Als ich nach einem anstrengenden Schultag endlich zu Hause bin, will ich mich als Erstes vor den Fernseher setzen. Doch als ich ihn anschalte, laufen Nachrichten. Da ich aber keine Lust habe, diese anzuschauen, schalte ich gleich in den nächsten Sender. Moment mal! War die Nachrichtensprecherin gerade nackt gewesen? Oder sehe ich Bilder, die nicht existieren? Ich schalte noch mal auf den Nachrichtensender: Und tatsächlich: Die Nachrichtensprecherin ist wirklich nackt! Der erste Gedanke, der mir kommt, ist: Wer macht so etwas freiwillig? Oder wurde sie gezwungen? Jetzt ist mir jedenfalls die Lust aufs Fernsehen vergangen ...

(Elena, 13 Jahre)

5. Übung

Was wäre, wenn plötzlich alle Menschen auf den Händen, statt auf den Beinen laufen würden?

Beispiel 1

Wenn alle Menschen auf den Händen laufen würden, würde die Welt auf dem Kopf stehen. Ich würde mit den Händen aufstehen, mit den Füßen schreiben oder mir die Zähne putzen. Dann müsste ich Hand-Schuhe anziehen. In Bio würde Herr Schmidt sagen: »Heute nehmen wir die Evolution des Menschen durch. Der Mensch stammt vom längst ausgestorbenen Oxibius prollikus. Aber aus irgendeiner unerklärlichen Mutation entstand ein Lebewesen, das auf den Händen lief. Dies war so praktisch, weil man die langen Beine zu vielerlei benutzen konnte, dass sich das Lebewesen durchsetzte ...« In der nächsten Stunde hatten wir Deutsch bei Schlaftabletten-Schneider. Sie würde fragen: »Was wäre,

wenn plötzlich alle Menschen auf den Füßen, statt auf den Händen laufen
würden? Schreibt darüber einen Aufsatz!« Alle Schüler würden stöhnen
und sich beschweren: »Was soll man denn da schreiben?« Aber es gäbe
eine Schülerin in der Klasse, Ella, die so begeistert wäre, dass sie sofort
anfangen würde zu schreiben. Ihr Aufsatz würde so anfangen: »Wenn die
Menschen auf den Füßen, statt auf den Händen laufen würden, würde
die Welt auf dem Kopf stehen. Ich würde mit den Füßen aufstehen …«
Für diesen Aufsatz würde sie eine Eins mit Sternchen bekommen und
versuchen, auf den Füßen zu laufen. Dies würde so gut funktionieren,
dass sie von nun an nur noch auf den Füßen laufen würde, denn sie fand,
dass Hände viel beweglicher und praktischer als Füße sind. Später, nach
ca. 30043 Trillionen Jahren, liefen alle Menschen auf den Füßen, was bis
heute noch so ist. Und das alles nur dank Ella …

(Katharina, 13 Jahre)

6. Übung

Was wäre, wenn du beim Essen in deiner Suppe auf einmal einer
sprechenden Nudel begegnen würdest, die dich bitten würde, sie
nicht zu essen?

Beispiel 1

An einem stinknormalen Freitagnachmittag stürme ich wie immer wie ein
geölter Blitz durch die Haustür und lasse meine zentnerschwere Bücher-
tasche erstmal erleichtert auf die Treppe fallen. »Juhuuu! Schon wieder
eine Schulwoche überlebt«, denke ich triumphierend, während ich auf der
Suche nach etwas Essbarem unseren Kühlschrank durchstöbere. Es ist
bereits 16 Uhr, und bis jetzt habe ich erst etwas Nutella zum Frühstück verspeist, und mein Bauch stößt inzwischen laute Empörungsrufe aus. Schon
gut, schon gut, gleich bekommst du ja deinen Willen! Mein Blick fällt auf
ein Päckchen alte Buchstabensuppe … mmmh, noch nicht mal abgelaufen!
Da unsere Essensvorräte ansonsten relativ knapp aussehen und nicht
mit meiner Päckchensuppe konkurrieren können, bringe ich schnell das
Wasser zum Kochen. Nachdem nach etlichen »koch hier, koch da« endlich
die Suppe im Teller schwimmt, stürze ich mich darauf wie ein Löwe bei
seiner Wildtierfütterung. Bald ist schon die Hälfte des Tellers geleert, und
ich lege eine kleine Essensverschnaufpause ein. Plötzlich höre ich da
eine kleine, leise, süße Stimme. Ihr Klang ähnelt der eines Kirchenchor-
mädchens, das mit seiner dünnen, hohen Stimme glasklare Töne singt.
Irritiert schaue ich mich in der Küche um, anschließend rufe ich nach
meinem Schwesterchen, aber ohne Erfolg. Inzwischen stellt sich meine
Haut auf. Gänsehaut, was bedeutet: »Vorsicht, hier stimmt was nicht!« Mir

ist wirklich unheimlich zumute, denn schließlich bin ich allein zu Hause. Ganz allein. Oder? Da beginnt das süße Gezirpe wieder einzusetzen, und dieses Mal zittert die Luft leicht mit. Endlich mache ich mir die Mühe, den Rufen Gehör zu schenken, und lausche gespannt. »Hilfe, Hilfe! So hilf mir doch! Ich ertrinke!« Die Stimme wird immer verzweifelter, immer höher. Da fällt mein Blick wieder auf meine Buchstabensuppe, und ich sehe ein »O«, das sich vergeblich Richtung Tellerrand zu bewegen versucht. Ich reibe mir die Augen, aber es ist dennoch die Wahrheit: Ein Buchstabe bittet mich gerade um Hilfe! Sein dünner, zierlicher Körper ist schutzlos den durch meinen Löffel verursachten Strömungen ausgesetzt und wird heftig hin und her geschleudert. So aberwitzig die Situation auch ist, ich sollte mir schleunigst einen Plan ausdenken, denn »O« scheint nicht mehr viel Durchhaltevermögen zu besitzen. Sobald ich aber zu meinem Löffel greife, um eine Art Rettungsboot zu simulieren, kreischt Buchstabi nur: »Nein, Nein, Nein! Bitte nicht essen! Niiicht!« Ich wusste gar nicht, dass auch Buchstaben hysterisch werden und ausrasten können. Aber, na gut, Plan B muss her. »O« mit meinem Finger hinauszufischen wäre bestimmt keine gute Idee, bei der zerbrechlichen Figur ... Mein Kopf arbeitet auf Hochtouren, während mir auf einmal der geniale Einfall kommt, mit einer Spagetti eine Rettungsrutsche zu konstruieren. Mit einer Spagetti bewaffnet auf in den Rettungseinsatz: Vorsichtig probiere ich mir mit meiner Nudel Buchstabi zu angeln ... Mist, ausgerechnet jetzt muss ich wie ein Handy-Vibrate-Nerv-Alarm zittern. Trotzdem ist »O« bald darauf eingefädelt und rutscht flink in Richtung Land. Oh nein, aber was passiert jetzt: »O« bleibt auf einmal stecken. Einfach so, noch halb oben, ohne die Absicht, sich noch weiter von der Stelle zu rühren. Ärgerlich halte ich meine »Stange« noch etwas steiler, ohne Erfolg. Jetzt schaue ich genauer hin und erkenne, wie mein kleiner, geretteter Buchstabi sich an Spagetti festsaugt. Die Konturen von »O« und Spagetti vermischen sich immer mehr miteinander, bis ich schließlich nur noch eine Spagetti mit einem dicken Hügel in der Hand halte. Überrumpelt von dieser Vorführung, werfe ich ihr einen Hilfe suchenden Blick zu. Endlich erbarmt sie sich meiner und beginnt zu erklären: »›O‹ ist mein Sohn, der mir davon gelaufen ist und seinen ursprünglichen geraden Körper auf der Flucht zur Tarnung zu einem ›O‹ geformt hat. Mit deiner Hilfe konnte ich ihn wiederfinden und bin froh, ihn jetzt wieder in Sicherheit, also bei mir, zu wissen. Zur Strafe verdonnere ich ihn aber zu zwei Wochen Stangenarrest, was bedeutet, er darf währenddessen nicht aus mir heraus. Wenn du mich jetzt entschuldigen würdest? Aber es wäre nett, wieder zurück zu meiner Tüte zu dürfen, wir machen nämlich gerade Hauskreis. Danke!« Alles klar, denke ich mir und schiebe die Spagetti zurück in ihre Tüte. Mmh ... darf man als Vegetarier eigentlich Nudeln essen?

(Franziska, 14 Jahre)

Du siehst, es gibt unendlich viele Hypothesen, und du kannst eigene erfinden, nach dem Motto: *Was wäre, wenn ich* phantastische Hypothesen aufstellen und phantastische Geschichten schreiben würde?

Warum, warum, warum

Es gibt kaum eine Lebensphase, in der so neugierig und nachhaltig Fragen gestellt werden wie in der Kindheit. Besonders beliebt sind Fragen, die mit *Warum* anfangen. Zum einen haben diese Fragen spielerischen Charakter, zum anderen sind sie Ausdruck eines starken Wissensdrangs, hinter dem der Wunsch steht, die Welt zu verstehen und den Dingen wirklich und wahrhaftig auf den Grund zu gehen. Das Besondere daran ist, dass Kinder in dieser Phase oft noch keine festgefügten Vorstellungsmuster haben und die Welt noch nicht mittels Schablonen zu kategorisieren versuchen. Die Neugier in diesen Phasen zu befriedigen, ist gar nicht leicht und auch hier kann das kreative Schreiben helfen. Es kann genutzt werden, um Fragen zu formulieren und sie spielerisch und variantenreich zu beantworten. Die folgenden Übungen sollen dabei helfen, schreibend nachzudenken und sich neues Wissen anzueignen.

Das Wörterbuch

Schlage im Wörterbuch eine beliebige Seite auf. Am lustigsten ist es, wenn du dir dafür ein Fremdwörterbuch nimmst. Such dir auf der zufällig aufgeschlagenen Seite ein Wort aus, das dir gefällt und dessen Bedeutung du nicht kennst. Dann notiere, ohne die Bedeutung vorher zu lesen, was dieses Wort deiner Meinung nach beschreibt. Erst, wenn deine eigene Erklärung fertig ist, liest du die offizielle Erklärung. Ich bin sicher, dass deine Erklärung um einiges interessanter und lustiger sein dürfte als die im Wörterbuch. Wer gerade kein Wörterbuch oder Fremdwörterbuch zur Hand hat, kann eines der folgenden Worte nehmen oder sich eines von seinen Eltern oder einem Freund, der vielleicht gerade da ist, geben lassen. Auch hier gilt, dass es sich um ein unbekanntes Wort handeln sollte, das erst dann nachgeschlagen wird, wenn die eigene Erklärung geschrieben wurde.

Übungen 1–5

1. Übung
Das Wort *Consommé* bedeutet …

Beispiel 1
Consommé ist eine neue Essensart, die vor zwei Tagen erfunden wurde. Es handelt sich um eine fliegende Pizza, die wie ein Vogel fliegen kann. Von dieser Pizza kann man immer, wenn man will, abbeißen, und wenn etwas abgebissen wurde, wächst es wieder nach.

(Amanda, 10 Jahre)

Beispiel 2
Das Wort Consommé bedeutet eine Regenbogenfee, die im Traumland zu den Schneewolken hinauf fliegt und sie kitzelt, so dass der Schnee als Regen hinabfällt. Die Regenbogenfee lässt abends auch immer bunte, glitzernde Sterne vom Himmel hinabfallen. Sie hat ein sonnenstrahlendes, gelbes Kleid an und blutrote Haare. Über ihr schwebt immer ein leuchtender Regenbogen.

(Sina, 9 Jahre)

Beispiel 3
Consommé ist eine gestern entdeckte Südseeinsel, die von Aliens bewohnt wird. Am 15. Mai 1502 wurde sie schon einmal von dem berühmten Seefahrer Christoph Kolumbus bei Nebel umkurvt. Dort wird heute um 13 Uhr ein Freizeitpark eröffnet. Die Aliens freuen sich westlich von Kuba auf euch.

(Joschua, 10 Jahre)

2. Übung
Das Wort *Potpourri* bedeutet …

Beispiel 1
Das Wort Potpourri bedeutet Hiro. Es wurde ein neuer Planet gefunden, der Hiro. Er liegt neben dem Saturn. Auf dem Hiro leben auch Menschen. Der Hiro ist so wie die Erde.

(Celine, 10 Jahre)

Beispiel 2
Potpourri ist eine italienische Pizza mit fünf Kilo Pfeffer und zehn Kilo
Zwiebeln.

(Enrico, 10 Jahre)

Beispiel 3
Das Wort Potpourri bedeutet: P für Porsche, O für Ofen, T für Toilette,
P für Paprika, O für Oktopus, U für Ufo, R für Radio, R für Rad und I für
Italien. Also: Porsche + Ofen + Toilette + Paprika + Oktopus + Ufo + Radio
+ Rad + Italien = Potpourri.

(Maximilian, 10 Jahre)

3. Übung
Das Wort *Independenz* bedeutet ...

Beispiel 1
Independenz ist ein fliegender Jufka, der direkt in meinen Mund fliegen
soll. Aber man muss es erst machen. Und ich bin es, der es erfinden will.

(Luca, 10 Jahre)

4. Übung
Das Wort *Viktualien* bedeutet ...

Beispiel 1
Viktualien ist ein Hut. Dieser Hut kann Saft pressen. Der Gegenstand
wurde am 23. 02. 2010 erfunden. Man steckt hinten Obst oder Gemüse
rein, vorne hält man einen Becher hin. Das dauert nur zehn Sekunden
und schon hat man himmlischen Saft.

(Telma, 9 Jahre)

Beispiel 2
Viktualien ist eine Robotermaschine, die ein Buch schreiben kann. Man
muss einen Text eingeben. Aber es darf kein langer Text sein.

(Lars, 9 Jahre)

Beispiel 3
Viktualien ist ein Hamster, der sich paart. Das, was passiert, werde ich
lieber nicht sagen! Hi, hi. Und das Bild, das ich gemalt habe, das hier aber
leider nicht abgebildet werden kann, zeigt das produzierte Hamsterlein.
Tja, und Viktualien ist eben die Bezeichnung für diese spezielle Paarung.

(Samuel, 10 Jahre)

5. *Übung*
Das Wort *Zönobium* bedeutet ...

Beispiel 1
Zönobium ist eine fliegende Trommel, die selbst trommeln, sich bewegen und singen kann. Sie hat eine Brille und geht nie kaputt. Man kann auch eine CD einlegen. Sie wurde vor etwa einem Tag gefunden.

(Michèle, 10 Jahre)

Beispiel 2
Zönobium ist ein Zöllner mit einem Baum, in den man Geld einschmeißen muss.

(Robin, 11 Jahre)

Die Gebrauchsanleitung

Betrachte irgendeinen Gegenstand, der gerade in deiner Nähe ist (ein Taschentuch, eine Blumenvase, ein Auto, ein Baum), denk dir für diesen Gegenstand einen Namen aus und überleg dir, was es für ein Gerät sein und wozu man es brauchen könnte. Dabei kann es sich um etwas handeln, das noch niemand kennt; es kann ein völlig unsinniges Gerät sein oder ein nützliches. Und sobald du eine Idee hast, um was für ein Gerät es sich bei deinem Gegenstand handeln könnte, schreibst du dazu eine Art Gebrauchsanleitung. Auch die ist natürlich frei erfunden und muss nicht unbedingt verständlich sein. Du weißt ja selbst, wie viele Gebrauchsanleitungen es gibt, die kein Mensch versteht und die man besser nicht liest, weil man dabei entweder das neue Gerät kaputt macht oder verrückt wird. Du siehst also, sogar Leute, die Geld dafür bekommen, dass sie einem ein Gerät erklären, machen das oft nicht besonders gut. Damit du eine Idee bekommst, was gemeint ist, folgt der Anfang einer Gebrauchsanleitung für ein Gerät, das es nicht gibt und von dem selbst der Schreiber der Gebrauchsanleitung, nämlich ich, keine Ahnung hat, wie es aussieht und für was man es brauchen könnte. Also eine unsinnige, versponnene Sache. Aber schließlich kann man nicht immer vernünftig sein und beim Schreiben phantastischer Geschichten und Gebrauchsanleitungen schon gar nicht.

Mein Gerät heißt Doresitto und verfügt über tausend Programmspeicher, die man wahlweise aktivieren kann. Bei der ersten Inbetriebnahme empfiehlt es sich, mit zweihunderteinunddreißig Programmspeicherplätzen zu beginnen. Diese Zahl hat sich für das Gedächtnis des Doresittos als am besten erwiesen. Während man mit der linken Hand die Knöpfe A, B und C gedrückt hält, drückt man mit dem Daumen der rechten Hand den Knopf Z. Dazu sollte man den rechten Daumen benutzen, weil man dann die anderen vier Finger für die Knöpfe X, Y, V und W zur Verfügung hat. Auf dem Knopf Z befinden sich die Kanäle 1, 3, 5, 7, auf dem Knopf X die Kanäle 2, 4, 6 und 8 ...

So könnte es losgehen. Und du merkst, dass man schon im ersten Absatz verwirrt ist und weder eine Vorstellung von dem Gerät bekommt noch davon, für was es sein könnte. Aber kommen wir zu deiner Gebrauchsanweisung und einem Gerät, das entweder niemand braucht oder die ganze Welt, so dass du berühmt wirst.

Beispiel 1: Fungadungadingdong
Das Fungadungadingdong ist eine Landkarten-Zeit-Ort- und Gesellschaftsrang-Maschine. Die Benutzung und Anschaffung eines Fungadungadingdongs ist sehr schwierig und kompliziert. Allein für die Anschaffung muss man Folgendes machen: Man muss sich am 11. 5. um Punkt 12 Uhr mitternachts in einer Unterhose und einem Abendkleid (Unterhose unter dem Abendkleid, das gilt auch für Männer) an einen Zeiger des Big Ben in London hängen (großer oder kleiner ist egal) und diesen dreimal gegen den Uhrzeigersinn drehen. Dann gelangt man auf den Zaubermarkt. Dort muss man Folgendes beachten: Viele Händler wollen einen übers Ohr hauen und manchmal funktioniert der Gegenstand nicht. Also wähle mit Bedacht! Bezahlt wird mit der Beantwortung von Rätseln. Der Händler kann leichte oder schwierige Aufgaben stellen, das bleibt ihm überlassen. Sollte man die Rätsel nicht lösen können, versucht man sein Glück bei jemand anderem. Nun zum Fungadungadingdong. Es gibt sie in allen Größen und Formen. Manche Händler bieten zum Beispiel Umhängetaschen an, die alles federleicht machen und in denen man Dinge von der Größe eines Elefanten verstauen kann. Mit ihnen kann man auch möglichst viele Landkartenrollen transportieren. Fungadungadingdongs funktionieren so: Man kann in jede Zeit (3512 v. Chr., 1856 n. Chr.) und an jeden Ort reisen (man muss dafür nur die passende Karte kaufen, z. B. Italien) und jeden Gesellschaftsrang erhalten. Es gibt auch eine Nirgendwokarte. Das Reisen mit ihr ist allerdings sehr riskant und empfiehlt sich nicht unbedingt. Für die Zeit, in die man reisen will, muss man die Knöpfe drücken, die unten und am Rand der Karte stehen. Für den Gesellschaftsrang müssen die

Eigenschaften stimmen. Sollte man in Todesgefahr kommen, gelangt man zurück zum Markt. Man sollte keine Familie zeugen, denn diese kann nicht mitreisen. Viel Spaß mit dem Fungadungadingdong.

(Emma, 13 Jahre)

Beispiel 2: Sprechblumenheilmittel
Damit die Sprechblumenheilmittel sprechen, muss man Affenköpfe, Hühnerkacke, Riesenknöpfe und Spinnenfuß dazugeben. Soll sich das Mittel außerdem färben, tut man vergammelte Äpfel oder vergammelten Salat dazu. Die Blumen sind aber eigentlich braun, damit niemand sie pflückt. Sie sind tief im Wald an einem weißen Fluss versteckt. Hält man sie ins weiße Wasser, leuchten sie. Man benutzt die Blumen, um ganz seltene Krankheiten zu heilen. Sie können auch die Vergangenheit erzählen und die Zukunft vorhersagen. Meistens werden sie von Zauberern und Hexen benutzt. Wer die Blumen unerlaubt isst, wird verflucht und muss genau ein Jahr später sterben.

(Anna, 12 Jahre)

Beispiel 3: Eine Uhr, die das Essen bringt
Wenn man eine Uhr zum halben Roboter machen will, muss man erst mal die Uhr kaputt machen. Dann muss man alle Teile auf einen Haufen legen und einen zwanzig Zentimeter großen Taschenrechner kaufen. Dann nimmt man ein paar Schrauben von dem Haufen und macht sie wieder an eine Uhr. Man legt die ganzen Teile auf den Taschenrechner und macht den Deckel, den man vorher abgeschraubt hat, wieder drauf. Man wickelt das alles in Folie und legt es eine Stunde auf den Balkon. Schaltet man nun den Taschenrechner ein, kann man der Uhr sagen: Hol mir bitte eine warme Pizza. Oder so ähnlich. Und dann hat man eben eine Uhr, die Essen bringen kann. Also dann Tschüss.

(Sebastian, 10 Jahre)

Die Rätselmaschine

Nimm irgendeinen Gegenstand und mache daraus ein Rätsel. Und das geht so: Du löst den Gegenstand, den du in deinem Rätsel verwenden möchtest, aus seiner ursprünglichen Bedeutung und seinem herkömmlichen Zusammenhang, so dass der Gegenstand ganz neu gesehen und beschrieben wird. Diesen Vorgang nennt man Verfremdung, das heißt, etwas Bekanntes wird zu etwas Neuem, Geheimnisvollem (siehe Verfremdung, Seite 119). Den Schlüssel für die neue

Definition bietet eine Metapher, also ein bildhafter Vergleich, der den
Gegenstand von einem alltäglichen zu einem geheimnisvollen Phan-
tasieobjekt werden lässt (siehe Metapher, Seite 116). Man könnte die
Konstruktion eines Rätsels in vier Schritte aufteilen:

1. Schritt: Verfremdung
   Ein Gegenstand wird nicht als solcher genommen, sondern neutral beschrieben. Damit verliert er seine alltägliche Funktion und
   braucht eine neue Definition, die sich vom alten Gebrauch löst
   und aus der sich neue Gebrauchsarten ergeben.

2. Schritt: Metapher (bildhafter Vergleich)
   Der Gegenstand wird mit einem ungewöhnlichen Bild in Zusam-
   menhang gebracht und beschrieben. Das neue Bild öffnet neue
   Denkweisen und der Gegenstand wird zum Geheimnis.

3. Schritt: Neue Bedeutung und Funktion
   Der neu beschriebene Gegenstand wird mit dem neuen Bild in
   Zusammenhang gebracht und erhält eine neue, für den Leser
   zunächst geheimnisvolle Bedeutung. Zudem wird die ursprüng-
   liche Bedeutung ansatzweise beschrieben, um den Leser auf die
   Spur zu bringen.

4. Schritt: Literarische Form
   Das Rätsel wird nun in eine literarische Form gebracht, das heißt,
   man kann daraus ein Gedicht machen oder einen kurzen Erzähl-
   text mit vier bis fünf Sätzen.

Damit es anschaulicher und verständlicher wird und zum Mitma-
chen einlädt, an dieser Stelle ein Beispiel.

1. Schritt: Verfremdung
   Nehmen wir als Gegenstand ein Taschentuch. Damit kann man
   sich normalerweise die Nase putzen oder etwas sauber wischen.
   In der Regel ist es aus Papier, es kann aber auch aus Stoff sein.
   Manchmal ist es weiß, zuweilen hat es auch Streifen oder Karos.
   Nehmen wir für unser Rätsel ein Stofftaschentuch mit Karomus-
   ter, dann haben wir, wenn wir es neutral beschreiben, ein Stück
   Stoff mit einem Gitternetz.

2. Schritt: Metapher (bildhafter Vergleich)
   Das Stück Stoff mit dem Gitter könnte eine Fahne sein, die im
   Wind flattert oder ein Vorhang in einem Gefängnis.

3. Schritt: Neue Bedeutung und Funktion
Das Stück Stoff mit den Karos kann man also als Fahne oder Gefängnisvorhang verstehen. Zugleich als ein Taschentuch, das früher aus Stoff war und gebügelt wurde und auch dazu benutzt wurde, Tränen abzutrocknen.

4. Schritt. Literarische Form

> ein Stück Stoff, wie ein Gefängnisvorhang
> flattert im Wind, könnte eine Fahne sein
> die Großeltern haben es gebügelt und
> hervorgeholt, wenn sie traurig waren

Nun ist aus dem Stofftaschentuch mit dem Karomuster ein Rätsel in Gedichtform geworden, bei dem der Leser nicht sofort weiß, welcher Gegenstand beschrieben wird, es sei denn, er hat die Entstehungsgeschichte erlebt.

Auf diese Weise lassen sich zahlreiche Rätsel erfinden. Das Spiel macht auch in einer Gruppe Spaß, in der jeder ein Rätsel erfindet und die anderen den Gegenstand erraten müssen. Und hier wie immer Beispiele von Kindern und Jugendlichen.

Beispiel 1
Es kann fliegen,
auf dem Boden liegen.
Es ist blau, grün, gelb oder rot,
doch in ihm kann man auch was einpacken
wie Brot.
Es könnte ein Flugzeug sein,
doch es könnte auch ein Vogel sein.

Lösung: Papier
(Felix, 13 Jahre)

Beispiel 2
Man hat es früher zum Saubermachen benutzt.
Heute hat es fast niemand mehr.
Es besteht meist aus Holz,
manchmal hat es auch Gravuren und Rillen.
Es ist lang und nicht sehr breit.
Es ist braun und nicht weiß.

Lösung: Waschbrett
(Susann Justine, 12 Jahre)

Beispiel 3
Groß und klein
kann es sein.
Nichts für kleine Kinder,
gefährlich für die Finger.
Scharf wie Chili und Pfeffer,
ist aber kein Messer.
Schneidet dein Papier,
was suchen wir?

Lösung: Schere
(Simone, 11 Jahre)

Beispiel 4
Ich schätze, du hast es auch.
Es klopft nur bei dir,
so wie du es fühlst.
Du kannst es verschenken,
zum Beispiel verborgen in einer Kette.
Du kannst damit jemandem
eine Freude machen.
Es strahlt aus dir heraus.
Du spürst darin zum Beispiel Hass und Eifersucht,
Kummer aber auch, Freude, Liebe und Glück.
Es ist einzigartig,
nur bei dir wirkt es,
bei sonst keinem.
Weißt du es?

Lösung: Herz
(Julia, 12 Jahre; Jana, 12 Jahre)

Von Sachensuchern und -findern

(frei nach Pippi Langstrumpf)
Weil es ganz schön anstrengend sein kann, Gegenstände zu beschreiben und Rätsel zu erfinden, gibt es am Ende dieses Kapitels, sozusagen zur Entspannung, noch einmal ein paar kleine Geschichten, die die Phantasie anregen. Gedacht und geschrieben werden darf wie immer alles, auch das Unwahrscheinlichste und Unmöglichste.

Übungen 1–4

1. Übung: Ein Sachensucher und -finder

Pippi Langstrumpf, die du vielleicht kennst, hat einmal gesagt, dass die Welt voller Sachen ist, die irgendjemand finden muss. Sicher stimmst du mir zu, dass man zuweilen ganz wunderbare Sachen entdeckt, wenn man die Augen nur weit genug offen hält. Manchmal findet man Sachen, die einfach so auf dem Weg liegen, oder man findet Sachen bei sich im Haus, die man noch nie gesehen oder verloren geglaubt hat. Wenn du magst, fertige doch einmal eine Liste aller Sachen an, die du in letzter Zeit gefunden hast. Und wenn die Liste fertig ist, suchst du dir Sachen aus, die dir interessant vorkommen und beschreibst sie. Sicher fallen dir einige spannende Geschichten zu den Sachen ein, die du in letzter Zeit gefunden hast.

Beispiel 1
Ich habe neulich ein Päckchen Blumensamen gefunden. Es war gelb außen und vorne war eine knallbunte Blumenwiese drauf. Das Päckchen war ein Werbegeschenk, das ich letzten Herbst bekommen hatte. Ich beschloss, die Samen einzupflanzen, denn auf der Packung stand, dass am besten in diesem Monat gesät werden solle. Also stellte ich einen Blumentopf außen auf mein Fensterbrett, füllte ihn mit Erde und pflanzte die Samen ein. Ich goss die Erde, wenn kein Regen fiel, und schon nach einigen Tagen streckten die ersten Pflanzen ihre Triebe heraus. Nach und nach wuchsen sie und bildeten Knospen. Heute wachsen auf meinem Fensterbrett rote, gelbe, orange und blaue Blumen. Immer, wenn ich hinausschaue, freue ich mich an den bunten Blumen, und wenn ich jemanden besuche, kann ich immer frische Blumen mitbringen. Ich habe irgendwie das Gefühl, es kommen immer neue Blumen dazu.

(Charlotte, 13 Jahre)

2. Übung: Wer oder was sind Menschen?

Für dich ist diese Frage sicher kein Geheimnis. Aber nun geht es darum, dem Bewohner eines anderen Planeten zu erklären, wer oder was Menschen sind. Stell dir vor, der Bewohner des anderen Planeten hat keine Ahnung von den Menschen, weiß nicht, wie sie aussehen und leben. Vielleicht kann er auch nicht verstehen, warum es unterschiedliche Menschen gibt und nicht nur einen einzigen Menschentyp. Der Bewohner des anderen Planeten weiß auch nicht, was Gefühle sind und wozu sie gut sein sollen. Du siehst, dass du mit deinen Erklärungen bei Null anfangen musst. Entweder erklärst du alles in einem fortlaufenden Text oder du machst daraus ein Gespräch und notierst auch die Fragen des Fremdlings. Wenn du am Ende des Textes noch Zeit und Lust hast, kannst du auch den Bewohner des anderen Planeten beschreiben lassen, wie es bei ihm aussieht, ob es Tiere, Pflanzen, Berge und Wasser gibt und ob die Bewohner gleich aussehen oder sich unterscheiden. Sicher weißt du längst, was man die Bewohner eines anderen Planeten fragt.

Beispiel 1
Marsmensch: Warum sehen die zwei Gestalten genau gleich aus?
Mensch: Das sind Zwillinge. Und wir heißen Menschen. Aber jeder hat verschiedene Namen, wie z. B. Anna, Leo oder so.
Marsmensch: Schau mal, da hinten sind viele Menschen zusammen.
Mensch: Das sind Familien. Es gibt ganz verschiedene Menschen: Frauen, Männer, Schwestern, Brüder, Jungen, Mädchen, Omas, Opas, Tanten, Onkel …
Marsmensch: Viele sehen aber auch anders aus!
Mensch: Ich weiß. Entweder haben sie lange oder kurze Haare, eine andere Haarfarbe, und sie sprechen in verschiedenen Sprachen.
Marsmensch: Wie heißt euer Planet, und wie heißt du?
Mensch: Unser Planet heißt Erde, ich heiße Alexandra. Und du?
Marsmensch: Ich heiße Koliko! Aber ihr habt ganz andere Namen!
Mensch: Für uns Menschen heißt du auch ganz komisch.

(Alexandra, 9 Jahre)

3. Übung: Sprechende Tiere
Stell dir vor, alle Tiere könnten mit einem Mal sprechen und du könntest dich ganz normal mit ihnen unterhalten. Du läufst zum Beispiel gerade von der Schule nach Hause, und da spricht dich der Hund an, der hinter dem Gartenzaun des Nachbarn steht und sonst immer bellt. Heute bellt er aber nicht, sondern redet. Oder du hast ein Haustier und als du nach Hause kommst, fragt dich dein Haustier, wie es in der Schule war, und erzählt dir selbst, was es am Vormittag gemacht hat. Und das Merkwürdige ist, dass nur du die Tiere verstehen und mit ihnen sprechen kannst, denn als du deiner Mutter davon erzählst, sieht sie dich verständnislos an und fragt, ob du vielleicht krank bist. Beschreib den ersten Tag deines Lebens, an dem du mit den Tieren sprechen kannst.

Beispiel 1: Die Meise und die Schule

Eines Tages, als ich in die Schule gehen wollte, landete neben mir auf dem Zaun eine kleine Meise und fragte, wohin ich schon so früh am Morgen gehen wolle. Ich dachte, ich träume nur, und ging schnell weiter. Da landete die Meise vor mir auf dem Weg und wiederholte ihre Frage. Weil ich nicht mehr viel Zeit hatte, antwortete ich: »Ich gehe in die Schule, um Schreiben, Rechnen, Englisch und Französisch zu lernen.« Die Meise fragte: »Wofür ist das gut?« Ich sagte: »Das brauchen wir im späteren Leben. Aber ich muss jetzt los.« Als ich nach der Schule nach Hause gehen wollte, landete die Meise vom Morgen neben mir und fragte, was ich in der Schule gemacht hätte. Ich erzählte schnell alles und dann brachte ich der Meise ein bisschen Lesen bei. Als ich mein Erlebnis meiner Mutter erzählte, sagte sie nur: »Ich glaube, du hast einen Vogel.« Und ich antwortete: »Ja, und ich weiß auch was für einen, nämlich eine Meise, und ich habe sie kennengelernt.« Als ich bei den Hausaufgaben war, landete die Meise neben meinem Fenster, und ich ließ sie rein. Ich brachte ihr Lesen und Rechnen bei, weil sie mit dem Schreiben Probleme hatte. Nach ein paar Tagen kam der Vogel wieder und machte einen seltsamen Vorschlag. »Wir können doch eine Vogelschule eröffnen«, sagte die Meise. Und ich half der Meise, eine Vogelschule in einem Baum zu bauen. Die Vogelschule wurde ein großer Erfolg. Nachmittags brachte ich Hasen, Füchsen, Rehen, Fröschen, Dachsen und Ameisen Lesen, Schreiben und Rechnen bei. Und fast alle eröffneten eine Tierschule.

(Meike, 13 Jahre)

4. Übung: Warum sollen Menschen nicht fliegen können

Du hast dir immer vorgestellt, wie es wäre, fliegen zu können. Und dann plötzlich kannst du es. Du hast gerade gar nicht ans Fliegen gedacht, sondern nur einen kleinen Hüpfer gemacht, vielleicht auf der letzten Treppenstufe, und da hast du gemerkt, dass dein Körper ganz leicht wurde und sich in die Luft erheben wollte. Also versuchst du es noch einmal, hüpfst ein wenig, erst auf einem Bein und dann mit beiden Beinen und siehe da, du fliegst. Zuerst schwebst du nur ein paar Zentimeter über dem Boden, aber als du deine Arme zu Hilfe nimmst und sie auf und ab bewegst, kannst du schon ein paar Meter in die Höhe steigen. Um das richtig auszuprobieren, gehst du ins Freie, wenn du nicht schon dort bist. Du hüpfst und schlägst mit den Armen, als wären es Flügel, und schon geht es hoch hinauf. Alles auf der Erde wird immer kleiner, und du wirst immer schneller. Was dabei alles passiert, wohin du fliegst und wie lange du in der Luft bleiben kannst, erzählst du uns sicher in der folgenden Geschichte.

Beispiel 1
Vor zwei Tagen hatte ich Geburtstag. Ich habe viele Sachen bekommen, doch das Beste war ein riesiges Trampolin für unseren Garten. Es hat vier Meter Durchmesser und ist total cool. Doch leider konnten wir es gestern noch nicht aufbauen, weil es geregnet hat. Doch heute scheint die Sonne, und Papa ist gerade dabei, es aufzubauen. Leider muss ich ihm helfen. Jetzt ist es fertig und ich mache meine ersten Sprünge. Es ist ein tolles Gefühl. Ich fühle mich so leicht und frei wie ein Vogel. Ich hüpfe hoch und immer höher. Ich merke gar nicht mehr, wie ich auf dem Trampolin aufkomme, sondern habe das Gefühl, dass ich nur noch in der Luft bin. Ich schließe die Augen und fühle mich völlig von der Schwerkraft gelöst, und plötzlich sehe ich ein Licht. Wie magisch angezogen, gehe ich darauf zu. Ein Prickeln macht sich in mir breit, während ich durch einen Tunnel aus purem Licht gehe. Plötzlich höre ich ein Rauschen und schlage die Augen auf. Voller Schrecken bemerke ich, dass ich fliege. Träume ich, oder was? Na ja, ist ja eigentlich auch egal, Hauptsache ist ja, dass ich fliegen kann, und das nutze ich natürlich aus.

(Julia, 12 Jahre)

Als Wünschen noch half

> »Macht die Augen zu«, sagte Frederick, die Feldmaus und
> kletterte auf einen großen Stein. »Jetzt schicke ich euch
> die Sonnenstrahlen. Fühlt ihr schon, wie warm sie sind?
> Warm, schön und golden.«
>
> Leo Lionni, Frederick

Abrakadabra

Wünsche haben einen großen Stellenwert, sowohl in der Welt der
Kinder als auch in der der Erwachsenen. Sie sind immer auch Ausdruck einer Sehnsucht nach einem Zustand, der besser oder zumindest anders ist als der vorhandene. Es gibt gute und böse, vernünftige
und unvernünftige, mögliche und unmögliche, gerechte und unge-
rechte Wünsche und sicher noch viele andere, die mir gerade nicht
einfallen. Vor Weihnachten und an Geburtstagen haben Wünsche
Hochkonjunktur: Wunschzettel und -listen werden angefertigt, um
sicherzugehen, dass man das Gewünschte auch bekommt. Es gibt
aber auch ganz andere Wünsche, nämlich in Form von Redewen-
dungen, wenn man jemandem zum Geburtstag zum Beispiel »Alles
Gute« wünscht oder »Viel Glück« vor einer Klassenarbeit oder
Prüfung. In früheren Religionen hat man sogar versucht, mit magischen Ritualen, zum Beispiel mit Regentänzen oder Opfergaben, zur
Erfüllung von Wünschen beizutragen. Auch ein Gebet kann eine
Form des Wunsches sein. Und in Märchen und Geschichten geht es
ebenfalls oft um Wünsche: Da kommt zum Beispiel eine gute Fee
und schenkt einem drei Wünsche, eine böse Hexe wünscht einem
Feind etwas Böses, oder Aschenputtel wünscht sich, schön und reich
zu sein, um auf den festlichen Ball gehen zu können.

Wünsche können aber auch verhängnisvoll werden, obwohl man
sie zuerst für ganz wunderbar gehalten hat. Da gibt es zum Beispiel
die Geschichte von König Midas, der vom Gott Dionysos einen

Wunsch geschenkt bekam. Der König wünschte sich, dass alles, was er berühre, zu Gold werde. Der Wunsch wurde ihm gewährt. Weil aber auch sein Essen und Trinken, kaum dass er es berührt hatte, zu Gold wurden, wäre er beinahe verhungert und verdurstet, hätte ihm der Gott nicht einen weiteren Wunsch geschenkt, in dem der nun klügere König darum bat, von seinem ersten Wunsch befreit zu werden. So eine große Macht besitzen Wünsche, und man muss sich gut überlegen, was man sich wünscht und vorsichtig mit den Wünschen sein. Aber vorerst wünschen wir nur mit dem Stift auf dem Papier, und dann sehen wir, was daraus wird. Wer weiß, vielleicht geht ja der eine oder andere Wunsch irgendwann in Erfüllung.

Ich wünsche mir

Entweder suchst du dir einen der folgenden Wünsche aus oder schreibst einfach einen eigenen Wunsch auf ein Blatt Papier. Dann versuchst du dir ganz genau vorzustellen und zu beschreiben, was passieren würde, wenn der Wunsch in Erfüllung ginge. Wie die Welt aussehen und woran man erkennen würde, dass der Wunsch in Erfüllung gegangen ist, was am nächsten Morgen anders wäre. Manchmal sind es ja auch keine so irrsinnig großen Wünsche, die man hat, sondern ganz kleine, die sich leicht erfüllen lassen, wie etwa eine Fahrt auf einem Fahrrad, das Füttern von Enten an einem Teich oder das Zubereiten einer Lieblingsspeise. Was auch immer du dir wünschst, in deiner Phantasie und auf dem Blatt Papier hast du die Macht, deine Wünsche in Erfüllung gehen zu lassen.

Übungen 1–7

1. Übung
Ich wünsche mir, dass ab morgen kein Kind mehr in die Schule gehen muss …

Beispiel 1
An einem schönen Tag nach den Ferien war wieder Schule. Zuerst hatte ich gar keine Lust. Dann fiel mir ein, dass heute Wunschtag war. Da durfte jedes Kind dem Lehrer einen Wunsch ins Ohr sagen. Ich dachte mir: Wenn keiner mehr in die Schule gehen müsste, könnte man jeden Tag ausschlafen. Da wusste ich, dass das mein Wunsch war! Ich frühstückte, machte mein Pausenbrot und ging in die Schule. Ich kam gerade noch rechtzeitig und war als Erster dran, meinen Wunsch zu nennen. Ich sagte meinen Wunsch und er ging in Erfüllung. Von dem Tag an musste niemand mehr in die Schule gehen.

(Alexander, 8 Jahre)

2. Übung
Ich wünsche mir ein riesiges Haus, in dem ich mehrere Zimmer nur für mich habe, eines zum Spielen, eines zum Schlafen, eines zum Essen …

Beispiel 1: Alles ist zu klein
Ich wünsche mir ein riesiges Haus, in dem ich mehrere Zimmer nur für mich habe, eines zum Spielen, eines zum Schlafen, eines zum Essen … und eines zum Fernsehschauen. Eines Tages war so ein schöner Tag. Mein Papa musste zur Arbeit. Sein Auto war in der Garage, aber er konnte mit dem Auto nicht rausfahren; die Garage war zu klein. Er ging in die Küche, um etwas zu essen, aber die Küche war zu klein. Er ging mit den Kindern zum Spielen ins Kinderzimmer; aber das Kinderzimmer war zu klein. Er war müde, aber auch das Schlafzimmer war zu klein; er konnte nicht schlafen. Dem Papa ging das auf die Nerven. Papa sagte: »Wir kaufen sofort ein neues Haus.« Seine Frau fragte: »Wieso denn?« »Weil«, sagte mein Papa, »wenn ich zum Essen gehe, ist die Küche zu klein, und wenn ich schlafen gehe, ist das Schlafzimmer zu klein, und wenn ich mit den Kindern spielen gehe, ist das Kinderzimmer zu klein. Darum will ich ein größeres Haus.« »Okay, okay, ist ja gut, wir kaufen ein größeres Haus«, sagte seine Frau. »Hallo, hallo, willkommen in der Häuserstadt. Welches Haus wollen Sie? Ein Hochhaus? Okay. 1102 Euro, 26 Cent. So, bitte schön.« »Danke.« »Warten Sie, ich hole den Häuserschieber. Okay, okay, so jetzt steht euer Haus an dem Platz, an dem es sein soll.« »Danke.« »Tschüss.« »So, mein Mann, ist jetzt alles groß?« »Schatz, das ist das größte Haus, das ich je gesehen habe. Gut gemacht.«

(Melise, 9 Jahre)

3. Übung

Ich wünsche mir, dass ich in der Schule nur noch gute Noten schreibe, ohne dafür lernen zu müssen …

Beispiel 1
Ich wünsche mir, dass ich in der Schule nur noch gute Noten schreibe, ohne dafür lernen zu müssen … und wenn ich ein Wort falsch schreibe, bekomme ich trotzdem die Note Eins plus. Ich bekomme immer die Note Eins plus, auch wenn die ganze Geschichte falsch ist, bekomme ich die Note Eins plus. Wenn ich nach Hause gehe, bringe ich nur Einser. Ich bekomme nie die Note Sechs. Und wenn ich auf ein Turnier gehe, wie zum Beispiel Karate, bekomme ich den ersten Gürtel. Auch im Fußball bekomme ich den ersten Pokal. Ich bekomme fast immer die ersten Sachen. Auch beim Autorennen mache ich den ersten Platz.

(Luisa, 9 Jahre)

4. Übung

Ich wünsche mir eine Woche, die nur aus Sonntagen besteht …

Beispiel 1
Der Nachteil einer solchen Woche wäre allerdings, dass Kinder kein Geburtstag, Ostern, Weihnachten und Erntedank feiern könnten, weil immer Sonntag wäre, und die Läden wären immer geschlossen. Aber es gäbe ziemlich viele Vorteile: dass man nie mehr in die Schule gehen muss. Man kann immer Enten am Teich füttern. Dass man ungestört spielen kann. Man kann laut Musik hören und den ganzen Tag malen und lesen. Man kann ungestört mit dem Feuer spielen.

(Felix, 10 Jahre)

5. Übung

Ich wünsche mir, dass mir jemand meine Lieblingsspeise kocht …

Beispiel 1
Das wäre ein großer Teller Sauerbraten. Mein Lieblingsgericht ist Sauerbraten. Wenn es manchmal Sauerbraten gibt, dann bin ich froh und esse ganz viel. Einmal gab es den Braten, und plötzlich fiel mir der Teller samt Sauerbraten herunter! Leider konnte ich dann nur ganz wenig essen. Bei meinen Omas schmeckt er am besten, weil sie viel mehr Zeit haben als meine Mutter. Mein Lieblingsessen ist deswegen Sauerbraten, weil ich saure Soße sehr gerne mag. Und Fleisch und Spätzle schmecken einfach super! Wenn wir an Ostern oder an Weihnachten im Restaurant essen,

esse ich immer Spätzle und Soße (wenn es das gibt). Aber bei uns gibt es nicht oft Sauerbraten, weil es sehr aufwändig ist. Ich freue mich schon auf das nächste Mal, wenn es wieder Sauerbraten gibt. Hoffentlich fällt der Teller dann nicht wieder runter! Denn dann bekomme ich bestimmt Ärger!

(Liv, 8 Jahre)

6. Übung

Ich wünsche mir einen kleinen Bruder oder eine kleine Schwester …

Beispiel 1
Ich wünsche mir einen kleinen Bruder oder eine kleine Schwester … weil ich kleine Babys mag, weil die so süß und niedlich sind. Mit ihnen kann man alles machen, was man will. Wenn sie wachsen, kann man mit einem Wagen mit ihnen gehen und Eis essen. Oder man kann zusammen in die Schule gehen oder mit ihnen lernen und noch spazieren gehen oder feiern oder mit ihnen Fangen spielen oder zu meiner besten Freundin gehen.

(Ewa, 8 Jahre)

7. Übung: Selbst Erfundenes zum Thema Wünsche
Ich wünsche mir …

Beispiel 1
Ich wünsche mir … jeden Tag Sonnenschein.
Dann könnte man jeden Tag hinaus spielen gehen und mit Freunden ins Freibad. Aber dann würde sich alles bald ändern, weil es dann keinen Regen mehr geben würde und auch keinen Schnee, nur noch Sonne. Da würden die Blumen austrocknen und viele Flüsse und Meere. Dann hätten wir auch nichts mehr zu trinken, und das wäre schlecht.

(Leonhard, 8 Jahre)

Beispiel 2
Ich wünsche mir … dass ich Sängerin bin.
Dann kann ich vor tausenden Menschen meine schönsten Lieder singen und eine Limousine haben und viel Geld. Tausende Menschen jubeln mir zu, und ich habe ein ganz großes Haus. Das dritte Stockwerk ist für mich und meine Band, da proben wir immer. Das zweite Stockwerk ist für meine Mama. Das erste Stockwerk ist für meine Tante und meinen Onkel und für meine Cousine und meinen Cousin.

(Alessia, 9 Jahre)

Beispiel 3

Ich wünsche mir … in der Türkei zu sein, der Heimat meiner Familie.
Eines Morgens war ich plötzlich in der Türkei. Es war unglaublich! Wir
waren in Istanbul, in einem Hotel. Wir hatten ein eigenes Schwimmbe-
cken. Wir kriegten jeden Morgen XXL-Menü. Wir gingen schwimmen.
Dazu tranken und aßen wir was. Es hat viel Spaß gemacht. Wir sind
immer wieder schwimmen gegangen. Dann gingen wir zur Arbeitsstelle
meiner Tante. Es war schön. Wir haben was zu trinken gekriegt und
gefragt:»Was arbeitest du?« Sie hat geantwortet:»Ich bin Sekretärin.«
Wir schrien:»Cool!« Wir gingen raus, kauften uns ein Eis und Schokolade
und genossen es, in der Türkei zu sein.

(Neslihan, 10 Jahre)

Zeitreisen

Als Zeitreise bezeichnet man eine Bewegung in der Zeit, die vom
gewöhnlichen Zeitablauf abweicht. Mittels der Relativitätstheorie, die
wir gleich mal ansehen wollen und die von Albert Einstein aufgestellt
wurde, sind Szenen vorstellbar, in denen Reisen in die Zukunft stattfinden. Einsteins Relativitätstheorie befasst sich mit der Struktur von
Raum und Zeit und der Gravitation, die wir der Einfachheit halber
als Erdanziehungskraft bezeichnen. Raum- und Zeitangaben sind
in Einsteins Theorie keine allgemeingültigen Ordnungsstrukturen,
woraus sich ergibt, dass der räumliche und zeitliche Abstand zweier
Ereignisse von Beobachtern mit verschiedenen Bewegungszuständen
unterschiedlich beurteilt wird. So erweisen sich bewegte Objekte im
Vergleich zum Ruhezustand in ihrer Bewegungsrichtung als verkürzt
und bewegte Uhren als verlangsamt. Da jedoch jeder gleichförmig
bewegte Beobachter den Standpunkt vertreten kann, er sei in Ruhe,
beruhen die Beobachtungen auf Gegenseitigkeit, das heißt, zwei
relativ bewegte Beobachter sehen die Uhren des jeweils anderen
langsamer gehen. Die Frage, wer die Situation richtig beschreibt, ist
nicht zu beantworten.

Verlässt man mit einem lichtschnellen Raumschiff die Erde und
kehrt nach Ablauf einer bestimmten Reisedauer wieder zurück,
ist auf der Erde ein längerer Zeitraum vergangen als an Bord des
Raumschiffes. Der auf diese Weise am weitesten zeitgereiste Mensch

ist der russische Kosmonaut Krikaljow, der 784 Tage an Bord der Raumstation »Mir« verbrachte. Er reiste im Vergleich zu seinen auf der Erde gebliebenen Mitmenschen etwa eine Fünfzigstelsekunde in die Zukunft, nicht viel, aber es beweist, dass Reisen in die Zukunft möglich sind.

Nach derzeitigem Wissensstand sind Zeitreisen in die Vergangenheit hingegen nicht möglich. Und sollten solche Reisen jemals möglich werden, würde sich die Frage stellen, wie Widersprüche vermieden werden könnten, die sich aus der Verletzung des Ursache-Wirkungs-Prinzips ergeben würden, wie beispielsweise das so genannte Großvaterparadoxon. Dabei handelt es sich um Folgendes: Jemand reist zurück in die Vergangenheit, vor die Zeugung seines Vaters, und bringt dort seinen Großvater um. Der Widerspruch in dieser Situation entsteht dadurch, dass der Zeitreisende ohne die Existenz seines Vaters, der nun wegen des Todes des Großvaters nicht geboren wird, selbst nicht geboren werden kann und folglich in der Zeit nicht hätte zurückreisen können. Insbesondere wäre es für den Reisenden unmöglich, wieder in seine ursprüngliche Version der Gegenwart zurückzukehren. Er könnte höchstens in eine Parallelwelt zurückkommen.

Schon immer haben Menschen davon geträumt, in verschiedene Zeiten zu reisen. In der Phantasie und manchmal auch in der Realität wurden die unterschiedlichsten Maschinen erfunden, um solche Zeitreisen zu ermöglichen. Aber nicht nur Maschinen können dazu dienen, in der Zeit zu reisen, sondern ebenso Steinkreise, durch die man in eine andere Zeit gerät, oder, wie bei »Alice im Wunderland«, ein Kaninchenloch, durch das Alice in eine Art Parallelwelt fällt. Auch Hexen oder Magier könnten Menschen in eine andere Zeit versetzen. Neben den Zeitreisen vor und zurück könnte man sich auch vorstellen, dass die Zeit plötzlich stehenbleiben und eine bestimmte Szene sich immer wiederholen würde. Ein solches Beispiel findet sich in dem Film »Und täglich grüßt das Murmeltier«, in dem der Held einen einzigen Tag immer wieder erleben muss. In dem Thema Zeit stecken also jede Menge Geschichten und dir fallen sicher spannende Szenen ein, die du beschreiben kannst. Und weil das wieder jede Menge Theorie war, machen wir jetzt sofort einen Sprung in die Schreibpraxis.

Reisen in die Vergangenheit

Wir machen auf dem Papier möglich, was in der Realität unmöglich ist. Und da die Vergangenheit ein ganz schön großer Zeitraum ist, der sich nur schwer in einem Text beschreiben lässt, unternehmen wir zunächst kleine Reisen in unterschiedlich weit zurückliegende Zeiten.

Übungen 1–7

1. Übung: Reise in die Zeit der Dinosaurier

Du bist im Reich der Dinosaurier gelandet. Dort gibt es Landwirbeltiere, Riesenvögel und Echsen, die im Erdmittelalter vor rund 235 Millionen Jahren bis vor etwa 65 Millionen Jahren gelebt und die Erde beherrscht haben. Sicher kennst du sie aus Filmen oder Büchern oder hast schon einmal eine Nachbildung in einem Museum gesehen. Aber jetzt geht es nicht um so berühmte Filme wie »Jurassic Park«, sondern um deine ganz persönlichen Erlebnisse. Welchen Dinosauriern begegnest du auf deiner Reise, nur den pflanzen- oder auch den fleischfressenden? Und haben sie genug zu essen, oder sind sie gerade ganz schön hungrig? Vielleicht lassen sie dich ja sogar auf ihrem Rücken sitzen, da hat man sicher einen guten Ausblick, und manche Dinosaurier können ja auch fliegen. Obwohl es so weit oben sicher ganz schön kalt und windig werden kann. Aber vielleicht war es damals immer warm und es gab nur ganz wenig Wind. Wovon wirst du dich in der Welt der Dinosaurier ernähren? Und was machst du, wenn es gefährlich wird? Wie bist du in die Welt gekommen? Mit einer Zeitmaschine? Und funktioniert die noch und ist startklar, so dass du jederzeit zurückkannst? Aber vielleicht reicht dir ja auch ein Zauberspruch, um die Welten zu wechseln. Viel Spaß im Land der Echsen und Saurier, und lass uns an deinen Abenteuern teilhaben.

Beispiel 1
Hallo! Mein Name ist Carla, und ich bin zwölf Jahre alt. Und ich bin eine Zauberin. Durch die Zeit zu reisen, macht mir richtig viel Spaß. Doch eines Tages passierte es. Ich reiste in das Dinozeitalter, weil ich ein Referat in Deutsch halten musste. Ich sah jede Menge Dinos an mir vorbeiziehen.

Einer der Dinos zertrampelte meinen Zauberstab. »Na, super, vielen Dank!«, rief ich dem Dino hinterher. »Was mache ich jetzt? Ohne den Stab kann ich mich nicht mehr zurückzaubern!«, dachte ich. Da kam Fritz, ein Flugsaurier, angeflogen. »Soll ich dich mitnehmen, Carla?«, fragte er. Ich nickte und stieg auf seinen Rücken. Wir flogen in Richtung Meer, als ich plötzlich meinen Klassenkameraden Rico sah. Er erkannte mich ebenfalls und rannte weg. »Fritz, flieg ihm hinterher!«, rief ich. Nach etwa einer Stunde hatten wir Rico erwischt. »Wie bist du hierhergekommen?«, schrie ich Rico wütend an. »Und warum bist du weggerannt?« »Na ja, ich habe eine Zeitmaschine gefunden«, sagte Rico, »aber wie kannst du hierherkommen?« »Wie wohl, mit der Zauberei, du Depp!«, rief ich. »Wenn wir hier wegwollen, müssen wir aber die Zeitmaschine benutzen«, meinte ich, »mein Zauberstab ist zerbrochen.« »Komm mit, ich weiß, wo die Maschine steht!«, sagte Rico. Auf einmal kam ein Rex auf uns zu. Wir rannten zu der Zeitmaschine, starteten und reisten nach Hause. So ein spannender Tag!

(Noelle, 11 Jahre)

Beispiel 2

Ich und meine Freunde bauten in den Ferien eine Zeitmaschine, um eine bessere Note im Zeitprojekt zu bekommen. Es war spät abends, als ich mich von meinen Freunden verabschiedete, um alleine noch ein bisschen an der Zeitmaschine zu bauen. Ich nahm den Schraubenzieher in die Hand und schraubte. Plötzlich schüttelte es mich durch, aber nach kurzer Zeit hörte es wieder auf. Ich schaute durch das Zeitmaschinenfenster und … war sehr erschrocken. Es sah aus wie vor Millionen Jahren, eine ganz andere Welt, nicht so, wie ich sie gewohnt war. Riesige Bäume und Dinos waren dort draußen und mittendrin ein kleiner Dino, der weinte. Ich wollte zu ihm laufen, um ihn zu beruhigen. Sofort stieg ich aus der Zeitmaschine, und in diesem Moment bemerkte ich, dass hinter mir ein sehr großer Dino stand, der aussah wie der kleine Dino, nur viel, viel größer und stärker. Nichts wie weg, dachte ich, und rannte, so schnell ich konnte. Der große Dino rannte hinter mir her. Da versteckte ich mich für eine Weile hinter einem sehr großen und breiten Baum. Nach einiger Zeit sah ich den kleinen Dino zu mir humpeln. Er zeigte mir seinen verletzten Fuß, in dem ein großer Stachel steckte. Rasch entfernte ich den Stachel, dann konnte er wieder unbeschwert laufen und weinte nicht mehr. Seitdem waren wir Freunde. Seine Mutter hatte mich akzeptiert und beschützte mich vor den anderen Dinos wie ihr eigenes Kind. Plötzlich klingelte der Wecker. Ich wachte auf und stellte fest, dass das nur ein Traum gewesen war. Ach, wie schade, dachte ich.

(Agnieszka, 11 Jahre)

2. *Übung: Reise in die Zeit vor fünfzig Millionen Jahren*

Sicher hast du schon vom Klimawandel gehört und davon, dass Forscher beunruhigt sind, weil sie nicht genau wissen, was mit unserem Klima und der Erde in Zukunft geschehen wird. Deswegen stellen sie ganz viele Untersuchungen an, um abschätzen zu können, wie sich unser Klima in den nächsten Jahren entwickeln wird. Und dafür müssen sie immer auch sehen, wie das Klima sich in der Vergangenheit entwickelt hat. Dabei sind sie auf eine ziemlich interessante Geschichte gestoßen. Und zwar soll es in der Antarktis, die ja für ihre Eiseskälte bekannt ist, vor fünfzig Millionen Jahren so heiß gewesen sein, dass dort ein riesiger Süßwassersee mit ganz vielen Wasserpflanzen war. Und unter der Sonne Grönlands sollen sich sogar Krokodile gesonnt haben. Und weil das alles doch ein wenig so klingt, dass man es kaum glauben kann, setzt du dich in deine Zeitmaschine, stellst den Schalter auf Vergangenheit und da auf fünfzig Millionen Jahre zurück und reist los. Denk daran, dass du allen, die in der heutigen Zeit bleiben müssen, weil sie keine Maschine haben und nicht über deine magischen Fähigkeiten verfügen, Bericht erstatten musst, was du dort siehst und erlebst.

Beispiel 1
Ich öffnete meine E-Mails und erwartete nur Werbung, als mir mein E-Mail-Programm ankündigte, ich hätte eine ungelesene E-Mail. Doch als ich mit meiner Maus auf den Button drückte, traute ich meinen Augen kaum. Da hatte ich doch tatsächlich eine E-Mail von Bill Pehrson, einem der bekanntesten Forscher der Welt, der sich hauptsächlich mit der Entwicklung des Klimas in der Vergangenheit beschäftigt. Ich öffnete die Mail und las: »Liebe Frau Winniford, aus vertrauenswürdigen Quellen habe ich erfahren, dass Sie eine Zeitmaschine besitzen. Da ich gerade an einem Projekt arbeite (›Das Klima der Antarktis vor fünfzig Millionen Jahren‹) wollte ich Sie um Unterstützung bitten. Nach meinen Untersuchungen herrschte in der Antarktis vor ca. fünfzig Millionen Jahren ein subtropisches Klima, und ich vermute, dass mir und meiner Theorie keiner Glauben schenken wird, wenn ich nicht handfeste Beweise vorlegen kann. Außerdem wäre es eine riesige Blamage, sollte ich meine Theorie veröffentlichen und sie würde sich als falsch herausstellen. Darum wollte ich Sie fragen, ob Sie eventuell für mich mit Ihrer Zeitmaschine fünfzig Millionen Jahre in die Vergangenheit reisen könnten und das Klima in der Antarktis untersuchen würden. Und, falls möglich, Beweise für meine Theorie besorgen. Sie wären mir eine große Hilfe! Falls Sie meiner Bitte

nachkommen, möchte ich Sie bitten, mir Bescheid zu sagen, damit wir uns unter anderem über Ihren Lohn einig werden. Mit freundlichen Grüßen. Bill Pehrson. Ich war sprachlos, dieser Mann, der weltberühmte Forscher Bill Pehrson, brauchte Hilfe von mir, einer jungen Frau, die in einem Örtchen wohnte, das nur auf ungefähr zwei Landkarten eingezeichnet war. Natürlich würde ich seiner Bitte nachkommen. Sofort setzte ich mich mit ihm in Verbindung, und wir besprachen meine Mission. Schon heute Nacht sollte ich aufbrechen. Das war kein Problem, denn meinen Rucksack hatte ich gleich nach dem Telefonat gepackt, und die Zeitmaschine stand startklar in der Garage. Ich lieh mir noch eine Videokamera, um meine Expedition aufzuzeichnen. Dann war es endlich so weit, ich zog meinen Spezialanzug an und überprüfte sämtliche Funktionen der Maschine. Alles war perfekt! Dann verstaute ich meinen Rucksack und die Videokamera im »Kofferraum«. 22.50 Uhr – ich zog den Motorradhelm auf, setzte mich in die Zeitmaschine und stellte Jahr und Ort der Landung ein. Um 23.00 Uhr drückte ich endlich auf den roten Knopf, und es ging los. Als ich das Visier meines Helms öffnete, staunte ich sehr: Hier gab es Stauden, Schildkröten, Krokodile, Schlangen. Da war ein riesiger See mit vielen Wasserpflanzen und großen schimmernden Fischen, das Wasser war klar, und ich zog meine Schuhe aus und lief hinein, bis mir das Wasser bis zu den Knien stand. Die Temperatur des Wassers war sehr angenehm, und ich konnte es kaum glauben, dass dieser paradiesische Ort einmal die kalte, raue Antarktis werden sollte. Ich ging aus dem Wasser und setzte mich auf einen umgefallenen Baumstamm. Wie schön es hier war, und es gab keinen Lärm von Autos oder Rasenmähern. Man hörte nur das Gezwitscher von übergroßen Vögeln mit buntem Gefieder. Ich schaute auf meine Uhr: Es war schon drei Uhr morgens, und ich hatte noch keine Aufnahmen mit der Kamera gemacht. Schnell holte ich sie aus dem Rucksack. Zuerst filmte ich die Landschaft, dann machte ich Nahaufnahmen von den verschiedenen Tieren und versuchte dabei, nicht allzu sehr zu wackeln. Als ich meine Aufnahmen beendet hatte, schaute ich mich ein letztes Mal um, wie schön es hier war, diese Natur … Doch ich musste zurück, denn während ich hier in der Vergangenheit war, fing es in der Gegenwart wieder an zu tagen. Und da ich um zwölf Uhr einen Termin mit Bill Pehrson hatte und ich davor noch etwas schlafen wollte, musste ich jetzt wohl oder übel diese wunderschöne Umgebung verlassen und nach Hause zurückkehren. Ich drückte wehmütig auf den roten Knopf mit der Aufschrift START. Zu Hause angekommen, legte ich mich sofort ins Bett. Als ich um 10 Uhr morgens aufwachte, kam mir alles vor wie ein Traum. Ich ging in die Küche, um den Rucksack aufzuräumen, den ich auf meiner Expedition dabei gehabt hatte. Doch da war kein Rucksack. Ich ging in die Garage, vielleicht hatte ich in da liegen lassen. Doch in der Garage waren weder Rucksack noch Zeitmaschine. Ich setzte mich aufs Sofa und dachte über alles nach. Da kam mir die Idee, wie ich alles überprüfen könnte – der Computer. Ich schaltete ihn ein und ging in die Küche, um mir etwas zu essen zu holen. Als ich zurückkam, öffnete ich mein E-Mail-Programm. Ein Fenster öffnete sich überschrieben mit dem Wort FEHLERMELDUNG. Ich stützte meinen Kopf in die Hände. Das konnte doch nicht wahr sein! Ich gab in die Suchmaschine Antarktis vor fünfzig Millionen Jahren ein und tatsächlich, da waren doch wirklich Bohrungen durchgeführt worden und man vermutete, es habe dort vor ca. fünfzig Millionen Jahren ein subtropisches Klima geherrscht. Da klingelte es, ich schaute auf die Uhr, es war Punkt 12 Uhr, und ein Mann stand vor meiner Tür ...

(Benita, 14 Jahre)

3. Übung: Reise in die Zeit vor zehn Millionen Jahren

Das Lachen und Kichern wurde angeblich vor zehn Millionen Jahren erfunden – wenn man beim Lachen überhaupt von Erfinden sprechen kann, denn das Lachen denkt man sich ja nicht aus oder erfindet es, sondern man lacht einfach. Und so haben es die Affen vor zehn Millionen Jahren auch gemacht. Daher soll unser Lachen nämlich kommen. Mit Hilfe eines Computers hat ein Forscherteam das Kichern von Kindern und jungen Menschenaffen analysiert und herausgefunden, dass es sehr ähnlich ist. Und das willst du dir natürlich mal genauer ansehen oder besser anhören und machst dich also auf ins Land der Lach- und Kicheraffen. Denn interessant ist ja auch, was die Affen den Rest des Tages machen, schließlich kann kein Mensch und auch kein Affe vierundzwanzig Stunden nur Kichern und Lachen, der würde ja verhungern und verdursten oder ersticken. Und außerdem bekäme er Bauchschmerzen vom vielen Lachen. Das muss also von dir geprüft werden und auch, ob das Lachen der Affen vor zehn Millionen Jahren ansteckend war. Wer weiß, vielleicht kommst du zurück und kannst mit dem Lachen gar nicht mehr aufhören, oder du bleibst gleich dort, weil es da so lustig ist, was wir allerdings nicht hoffen, da wir schon ganz gespannt auf deine Geschichte sind.

Beispiel 1
Wir machten uns also auf in das Land der Lach- und Kicheraffen. Es war keine gewöhnliche Reise. Wahrscheinlich sind wir die einzigen Menschen auf der Welt, die auf diesem Weg gereist sind. Der Weg ins

Land der Kicheraffen ist nicht einfach; du musst so sehr lachen, dass du gar nicht mehr aufhören kannst, und dabei auf einem Waldweg hin und her rennen. Als wir schließlich in dem Land ankamen, wurden wir gleich von einem schallenden Lachen begrüßt. Überall auf den hohen Bäumen saßen Affenfamilien und erzählten sich gegenseitig Witze, und es war eine fröhliche Stimmung, die einen sofort mitriss. Es war ein herzliches Lachen, kein böses Lachen, wie wenn man jemanden auslacht. Wir wurden von einem Affen begrüßt, der unsere Sprache konnte. Er führte uns im Land der Lach- und Kicheraffen herum und zeigte uns die vielen schönen Dinge, die es dort zu sehen gab. Aber wir waren ja in das Land gereist, um mehr über den Ursprung des Lachens herauszufinden. Die Affen waren alle sehr nett, und ich glaube, dass sie deshalb so viel lachen, weil sie so fröhlich sind. Ihr Lachen kommt von Herzen.

(Laura, 11 Jahre)

Beispiel 2
Der Tag begann, der Morgen breitete seine orangeroten Schwingen über dem Dorf Kardon aus. Tredor erwachte, als sein Handy schrillte. Mühsam stieg er aus dem Bett und schlüpfte in seine Pantoffeln. Das Handy klingelte ungeduldig weiter. Tredor schleppte sich schwerfällig durchs Haus, packte das sturmklingelnde Handy und sagte:»Tredor Fretz!«»Bist du endlich wach, Langschläfer?«, antwortete es barsch. »Ich komme schon«, sagte Trevor verschlafen. Und nachdem er sich gerichtet hatte, rannte er, was das Zeug hielt, hinüber zu einem am Ende des Dorfes stehenden Forschungslabor. Kaum hatte er die Treppe betreten, wurde die Haustür schon aufgerissen. »Na endlich, da bist du ja!« Der Mann, der die Tür aufgerissen hatte, klang sehr wütend. »Ging nicht schneller«, japste Tredor außer Atem. Er betrat das Labor, das mit Gefäßen, in denen bunte Flüssigkeiten leuchteten, und jeder Menge Maschinen ausgestattet war. Tredor setzte sich zu dem Forscher, der vor einer im Raum schwebenden Computerscheibe saß. Es ging um das Projekt Lachen. Sie hatten die Fährte bis zu den Affenmenschen verfolgt. Aber um herauszufinden, über was sie gelacht hatten, musste Tredor in die Vergangenheit reisen. Der Forscher drückte Tredor ein technisches, blau leuchtendes Gerät in die Hand. Ein Zeitreiser!!! Tredor war außer sich vor Staunen. Um die Zeit einzustellen, musste man die Zeitangabe auf die blaue Fläche schreiben. Das tat Tredor, und auf einmal drehte er sich und flog durch eine blaue Röhre ins tiefe Schwarz. Als er wieder zu sich kam, sah er einen tiefen, grünen Dschungel vor sich. Plötzlich erschallte ein brüllendes Lachen. Tredor rannte dem Lachen hinterher, durch dichtes Gestrüpp und schwarze Sümpfe und über helle Lichtungen. Auf einem Felsen saßen Menschenaffen mit braunem Fell und lachten über einen blau-roten Vogel. Zuerst wusste Tredor nicht, was an dem Vogel so lustig

sein sollte, doch auf einmal lief der Vogel zwei Schritte nach vorne und einen nach hinten, und plötzlich musste auch Tredor lachen, so sehr, dass ihm der Bauch schmerzte und er aufhören wollte, was aber nicht ging. Tja, dann muss Tredor wohl in der Urzeit bleiben und lachen.

(David, 11 Jahre)

4. *Übung: Reise in die Steinzeit*

Du bist in der Steinzeit gelandet, also in einer Zeit zweieinhalb Millionen bis achttausend Jahre vor Christus. Die Steinzeit heißt so, weil die Menschen dort vorwiegend Werkzeuge aus Stein benutzt haben. Sie lebten in Höhlen oder Hütten aus Lehm, Knochen, Stoßzähnen und Fell. In der Mitte der Höhle oder Hütte befand sich meist eine Feuerstelle. Ernährt haben sich die Steinzeitmenschen vor allem von Nahrungsmitteln, die sie gesammelt haben: Pflanzen, Früchte, Samen, Wurzeln, Pilze, Honig, Eier, Fleisch, Fische und Schnecken. Sie waren also Sammler. Außerdem waren sie noch Jäger, das heißt, sie haben die Tiere gejagt, die es damals so gab: Mammuts, Wollnashörner, Ameisenigel, Gleithörnchen und Beutelmäuse. In dieser Zeit bist du also gelandet und lebst in einer so genannten Sippe, also in einer kleinen Gemeinschaft von Steinzeitmenschen. Eure Vorräte gehen langsam zu Ende und das bedeutet, dass die Frauen Nahrung sammeln und die Männer jagen müssen, damit etwas auf den Tisch kommt. Das Höhlenfrühstück fällt an diesem Morgen leider aus. Ich wünsche dir dennoch einen schönen steinzeitlichen Tag.

Beispiel 1

»Morgen gehen wir jagen«, sagte ich, und noch am selben Abend machten wir ein Jagdritual für eine gute Jagd, wie wir es immer machten. Am nächsten Morgen gingen wir dann in unser Jagdrevier. Eine Herde Mammuts graste dort. Wir verteilten uns um die Mammuts herum und warteten auf den perfekten Augenblick. Unser Häuptling blies ins Jagdhorn, und wir griffen an. Alle Mammuts hauten ab, außer dem Anführer von ihnen; er war so stark wie zwanzig Holzstämme. Unser Häuptling schlich sich an ihn heran und steckte seinen Speer in seinen Bauch. Doch das Mammut gab nicht auf. Also warf ich meinen Speer dem Mammut voll ins Herz. Und es sank auf den Boden. Wir jubelten. Alle suchten lange Stöcke. Wir legten das Mammut drauf und rollten es zu unserer großen Höhle. Dort freuten sich alle auf das Mammut. Wir schabten sein Fell ab und nahmen es als Decke. Sein Fleisch trockneten wir und aßen davon was zum Abend. Das Fleisch reichte uns für dreißig Monate, und dann gingen wir wieder jagen.

(Daniel, 11 Jahre)

Beispiel 2

Wir hatten Hunger, und weil ja nichts mehr da war, gingen die Männer auf die Jagd. Die Männer gingen auf die Suche nach Mammuts und Fischen, eben nach Fleisch. Und ich ging auf die Suche nach Pilzen, Obst und Schnecken. Nachdem die Männer schon lange weg waren, machte auch ich mich auf den Weg. Aber heute war alles anders als sonst. Die Vögel zwitscherten nicht, die Luft war stickig, und es war sehr heiß. Ich sah etwas Helles in den Farben Gelb, Orange und Rot. Es war das böse Feuer. Es war wahrscheinlich sauer, weil wir den Regentanz gemacht hatten, weil alles trocken war, und die Bäche vertrocknet waren; es hatte nämlich super gebrannt. Ich rannte zurück und warnte die anderen. Die Männer rief ich mit einer Mammutwusela. Ich blies durch und die Männer hörten mich; die Mammutwusela war nämlich sehr laut. Als die Männer kamen, tanzten wir alle, wirklich alle, den Regentanz. Und es fing fürchterlich zu regnen an, so dass das böse Feuer gelöscht wurde, und alle Bäche wurden megavoll und die Seen. Die Männer waren froh und die anderen auch. Die Männer sind dann wieder auf die Jagd und fingen etwa zehn Mammuts, fünfzehn Fische und fünf Klettertiere. Die Frauen haben auch viele Sachen gefunden und es gab viel zu essen.

(Anika, 11 Jahre)

5. Übung: Reise ins Mittelalter

Sicher kennst du den Spruch: Das sind ja Zustände wie im Mittelalter. Meist sagt man das, wenn etwas nicht gut funktioniert, das Gesetz nicht eingehalten wird oder zwei wie die Kampfhähne aufeinander losgehen. Das Mittelalter ist ein ganz schön langer Zeitraum, nämlich die Zeit zwischen Antike und Neuzeit, das heißt zwischen dem 6. und 15. Jahrhundert. Im Mittelalter gab es zahlreiche Könige und Herrscher, die alle ihr Land und ihre Ehre verteidigen wollten. Und alle hatten immer ein Heer von Soldaten, die für sie in den Krieg ziehen mussten, während die Könige schön warm zu Hause saßen und es sich gut gehen ließen. Nun bist du also in diese Zeit geraten und darfst dir aussuchen, ob du Beobachter sein willst oder in die Rolle eines Königs schlüpfst oder in die eines Soldaten, weil es dir in der Burg auf die Dauer doch zu langweilig ist. Oder du schlüpfst in die Rolle eines der Bauern, die damals die Felder für die Könige bestellen mussten. Auch ein schönes Burgfräulein könntest du sein oder ein romantischer junger Mann, der unter dem Fenster eines Burgfräuleins steht und Liebeslieder singt. Dir selbst wird sicher ausreichend dazu einfallen. Immerhin hast du den Vorteil, dass du dort hinreisen und alles mit eigenen Augen sehen kannst.

Beispiel 1

Hallo, ich bin eine Wache des Königs. Der König Leopold ist ein Herrscher, der viele Länder besitzt. Er ist oft bei Veranstaltungen, tja, und ich muss ihn beschützen, das heißt, z. B. wenn ihn jemand angreift, muss ich ihn beschützen. Selten musste ich auch bei Schlachten mitkämpfen; es war jedes Mal grausam; ich habe gesehen, wie meine Kameraden erschossen oder erstochen wurden; das waren echt schreckliche Zeiten, vor allem diese Schusswaffen. Sie sind klein, aber haben eine große Kraft; die Kugeln haben jede Rüstung durchschlagen, und man ist zu 80 Prozent gestorben. Auch mich hatte einmal ein Mann in den Arm geschossen, und ich habe es gerade so überlebt. Ich habe mit König Leopold schon viele Länder gesehen, und alle waren unterschiedlich; es gab Länder mit nur Sand und Länder mit fast nur Wald, und es war wirklich sehr unterschiedlich, aber auch sehr schön. Einmal wurde König Leopold in der Wüste von Beduinen angegriffen; ihm ist zum Glück nichts passiert, weil ich und meine Kollegen die Beduinen in die Flucht geschlagen haben. Für diese Aktion bekamen wir vom König einen Orden verliehen. Diesen Orden habe ich immer bei mir. Es ist für mich immer ein guter Job, außer, wenn man in den Krieg muss, aber das musste ich nur zwei Mal. Ich habe schon für zwei Könige gearbeitet; das waren der König Ludwig und der König Leopold. Insgesamt arbeite ich schon fünf Jahre, und ich bin dreißig Jahre alt. Das war ich als Soldat.

(Ferdinand, 12 Jahre)

6. Übung: Reise ins 19. Jahrhundert

Das 19. Jahrhundert ist ein ganz besonders spannendes Jahrhundert, weil da viel passiert ist. Städte wurden gebaut, die Industrie entwickelte sich, die Eisenbahn- und Dampfschifffahrt wurde aufgebaut und ebenso die moderne Telekommunikation, wodurch Nachrichten weltweit verschickt werden konnten. Und genau in diese Zeit gerätst du und kannst dir aussuchen, für was du dich am meisten interessierst. Vielleicht besteigst du das erste Dampfschiff und erlebst haarsträubende Abenteuer auf See oder du hilfst beim Ausbau der Telekommunikation und bist einer der ersten Reporter, der Nachrichten in die Welt verschickt. Oder du hilfst beim Aufbau der ersten Städte und entscheidest, wie so eine Stadt aussehen soll. Oder du schnupperst ganz einfach in alle Bereiche. Keine Sorge, deine Geschichte muss nicht den Tatsachen entsprechen. Im Gegenteil, du schreibst die Vergangenheit einfach neu und vielleicht wird das eine viel spannender Geschichte als die, die man in Geschichtsbüchern lesen kann. Du bist also, zumindest auf dem Papier, der Erfinder des 19. Jahrhunderts.

Beispiel 1

»Anker lichten!« Klappernd wurden die Ketten der Anker in die Luken gezogen. Der große Dampfer, die »Black Mary«, setzte sich schnaufend in Bewegung. Viele Leute winkten, Frauen riefen irgendwelche Abschiedsgrüße und wischten sich Tränen vom Gesicht. »Mann, ist das immer ein Spektakel«, dachte ich. Aber ich fühlte mich toll dabei. Ich, die Erfinderin der majestätischen »Black Mary«. Oh, ich habe mich euch noch gar nicht richtig vorgestellt: Ich bin Mary de Corse, die einzige Frau, die sich mit ihren Erfindungen durchsetzen konnte. Meine Crew und ich waren auf dem Weg, ein neues Land zu entdecken. Eventuell wollte ich noch ein paar neue Tiere mitnehmen. Mittlerweile hatten wir den französischen Hof hinter uns gelassen und heizten voll auf. Haa, das tat gut, sich den Wind um die Nase wehen zu lassen. Huch! Was war das? Ein Tropfen? Oh nein, jetzt fing es an zu regnen. Kein berauschender Start für eine Entdeckungsreise. Ich drehte mich um und lief unter Deck. Ich konnte mich ja schon mal schlafen legen. Am nächsten Morgen war das Wetter noch schlimmer. Es gab einen richtigen Sturm. Unser eigentlich großer Dampfer wurde wie eine kleine Nussschale in den bedrohlichen Wellen umhergeworfen. Der Kompass spielte verrückt. Die Schiffsleute schrien irgendwelche Befehle. Ich hielt mich an der Leiter meiner Koje fest. Plötzlich gab es einen Knall! Holz splitterte. Brüllen und Vogelkreischen ließen uns aufschrecken. Oh, je! Wo waren wir gelandet? Unendlicher Sandstrand. Hinter uns erhob sich ein mächtiger Dschungel. Neugierig, wie ich war, rappelte ich mich auf und ging, teils entschlossen, teils unsicher, auf den Dschungel zu ... Ich war nun sicher eine ganze Stunde unterwegs (unter ziemlicher Anstrengung), als ich ein kleines Dorf entdeckte. Die Bewohner, welche ich vereinzelt sah, waren klein und sehr behaart. Mit freudigem Kreischen und Rufen empfingen sie mich. Ruckzuck bekam ich Schmuck, Ketten und anderen Krimskrams umgehängt. Ich wurde auf einer Trage zu einem Krater geschleppt. Oh, nein! Die Idioten wollten mich wohl opfern! Sie stießen mich den Krater runter. Haaaalt! Plötzlich wurde ich ruckartig hochgehoben. Kira, mein Vogel, hatte mich gerettet!

(Antonia, 11 Jahre)

Beispiel 2

Holprige Straßen, grauer Himmel und Backsteinhäuser, das ist die Zeit, in der ich aufwachse. Ich bin übrigens Frida und lebe mit meiner Familie mitten auf dem Land. Das ist ziemlich öd, und manchmal weiß ich nicht, was ich machen soll, wenn ich von der Feldarbeit zurückkomme ... Dann lege ich mich auf den Heuboden und denke an die Zukunft. Wie es wohl sein wird und ob es immer noch so aussehen wird wie jetzt?! Ich stelle mir im Grunde nur vor, wie ich selbst leben will! Wie wäre es, wenn ich kleine Frida mit meinen acht Jahren aussuchen könnte, wie die Welt in fünfzig Jahren aussieht! Es wäre doch ein großes Erlebnis, wenn ich zu meiner Freundin, die fünf Kilometer entfernt wohnt, nicht Stunden zu Fuß unterwegs wäre, sondern einfach in ein öffentliches Gefährt einsteigen könnte. Außerdem, wie würde ich mich freuen, wenn außer diesen sechs Backsteinhäusern in einer Straße mal ein großes stehen würde, in dem viele Leute wohnen und sich alle super verstehen. Ich stelle mir es so vor: Unten ist eine gläserne Drehtür, die über einen Schalter bewegt wird und hineinführt in den großen Eingangsbereich, in dem man keine Treppen mehr laufen muss, sondern in eine Art Kiste einsteigt und zu der Etage fährt, in der ein Freund wohnt. Jeder muss wissen, dass ich sehr bewegungsfaul bin, aber deshalb umso mehr Kreativität aufbringe, um mir die Welt zu erleichtern bzw. vorzustellen.

(Tanja, 11 Jahre)

7. Übung: Reise in die Zeit, in der sich deine Eltern kennenlernten

Vielleicht haben dir deine Eltern ja schon einmal erzählt, wie sie sich kennengelernt haben. Vielleicht aber auch nicht oder nur so kurz und knapp, dass du noch immer keine genaue Vorstellung davon hast. Außerdem ist es ja nicht ganz leicht, sich seine Eltern um so viele Jahre jünger vorzustellen und sich auszumalen, wie sie als Teenager waren und sich benommen haben. Vielleicht ist es sogar hilfreich, du vergisst alles, was sie dir erzählt haben, und erfindest deine eigene Geschichte. Schließlich ist das Kennenlernen deiner Eltern ein wichtiger Tag. Denn hätten sie sich nicht kennengelernt, würde es dich nicht geben. Jedenfalls bin ich sicher, dass du deine Eltern mit so einer Geschichte, wenn du sie dann geschrieben hast, ganz schön überraschen kannst.

Beispiel 1
Meine Eltern lernten sich auf einer Reise in die USA kennen. Mein Vater war Koch in einem Fünf-Sterne-Hotel, und meine Mutter war Gast. Sie und eine Freundin besichtigten New York, den Central Park, in dem sich meine Eltern kennenlernten. Es war Frühling. Mit all den Farben und Formen. Wer New York im Frühling nicht kennt, kann nicht behaupten, er habe etwas gesehen. Sie lernten sich an einem See kennen. Sie redeten lange und verliebten sich. Sie heirateten in Tennessee. Eine Traumhochzeit. Dann zogen sie nach Deutschland und eröffneten ein Restaurant im Schwarzwald.

(Cedric, 11 Jahre)

Zukunftsreisen

Die Zukunft ist ein unermesslich großer Zeitraum, weswegen wir diesen, ebenso wie die Vergangenheit, in kleine Zukunftshäppchen aufteilen wollen. Das Spannende an den Zukunftsideen ist, dass man die, die in einem Zeitraum liegen, den man selbst noch erleben wird, überprüfen kann. Das heißt, wenn wir die nahe Zukunft beschreiben, werden wir wahrscheinlich noch erleben, ob sie tatsächlich so wird, wie wir sie uns vorgestellt haben. Ebenso interessant ist es, Zukunftsvorstellungen, die von uns aus gesehen in der Vergangenheit geschrieben wurden, daraufhin zu lesen, ob ihre Vorhersagen eingetroffen sind. Ein solches Beispiel ist das Buch von George Orwell mit dem Titel »1984«, das bereits 1949 erschien und in dem der Autor eine Zukunft beschreibt, die seiner Zeit nur fünfunddreißig Jahre voraus war. Lies am besten selbst und entscheide, was davon heute wahr geworden ist. Aber jetzt geht es an das eigene Texten.

Übungen 1–4

1. Übung: Die Welt in zwanzig Jahren
Wie die Welt in zwanzig Jahren aussehen wird, wirst du wahrscheinlich noch erleben. Dann bist du erwachsen und hast vielleicht selbst schon Kinder oder lebst in einem anderen Land. Obwohl zwanzig Jahre keine so lange Zeit sind, mögen sie für dich vielleicht in weiter

Ferne liegen, da es immerhin mehr Jahre sind, als du alt bist. Es ist zu erwarten, dass sich die Welt innerhalb von zwanzig Jahren nicht vollständig verändern wird, so dass es sich bei dieser Übung nicht so sehr um eine Science-Fiction handelt als vielmehr um deine Vorstellung vom Leben in zwanzig Jahren. Natürlich steht es dir frei, eine Geschichte über die Welt in zwanzig Jahren zu schreiben, ohne dass du darin vorkommst. Dann wärst du sozusagen ein Reporter, der über die Erde und das Leben auf der Erde in zwanzig Jahren eine Art Zukunftsbericht schreibt. Aber wie immer ist es deine Geschichte, und deswegen entscheidest du ganz alleine, wie sie werden soll und worüber du am liebsten schreiben möchtest.

Beispiel 1

22. August 2030: Wie die NASA berichtet, gelang es drei europäischen Astronauten, die Hobbymathematiker, -chemiker und -biologen sind, mit Hilfe einer äußerst komplizierten Methode, eine Maschine herzustellen, mit der man schlechte oder gar keine Luft in gute, frische Luft verwandeln kann, um das Klima erträglich zu machen. Heute sind die drei Astronauten mit ihrer Rakete »SPC IV« auf dem Mars gelandet. Morgen wird sich herausstellen, ob ihre Maschine funktioniert und der Mars als neuer Platz für die Menschheit genutzt werden kann. 23. August 2030: Heute wurde bewiesen, dass die Maschine auf dem Mars sehr gut funktioniert, wie der Schweizer Leo, der Portugiese Nuno und der Kroate Goran berichteten. Die Temperatur auf dem Mars liegt durchgehend bei 27 Grad, und die Astronauten können ihre Raumanzüge ausziehen, ohne zu sterben. Dieser Erfolg wird vielleicht die wichtigste Erfindung für die Menschen in der modernen Welt werden. Bald wird der Mars bepflanzt und besiedelt werden.

(Emil, 11 Jahre)

Beispiel 2

Jahr 2030: Die Menschen erfinden neue Computer, ein Windows 999 kommt heraus. Die ganze Welt lebt nur noch mit Computern, und das Leben ist nicht mehr anstrengend. Die Roboter erledigen alles, was im Haus zu tun ist. Sie putzen, machen das Essen und gehen einkaufen, während die Leute arbeiten. Die meisten Leute fahren umweltfreundliche Autos, weil diese nicht mehr so teuer sind. Trotzdem werden immer mehr Atomkraftwerke gebaut und trotz der umweltfreundlichen Autos wird die Welt immer mehr verpestet. Ich bin erwachsen und wohne in Norddeutschland an der Ostseeküste. Ich gehe jeden Tag, wenn gutes Wetter ist, schwimmen und bin Fluglotse in einem Tower. Die Computer im Tower werden durch Gedanken gesteuert, es gibt keine Tastatur oder Maus. Mein Fernseher ist so gut, das man jedes einzelne Detail erkennen kann; aber das ist ja bei allen so. Die Menschen versuchen schon lange, auf einen anderen Planeten umzusiedeln. Mal sehen, ob das klappt.

(Philipp, 11 Jahre)

2. Übung: Die Welt in hundert Jahren

Hundert Jahre sind ein ganz schön langer Zeitraum. Es ist eine echte Herausforderung, sich das Leben in hundert Jahren vorzustellen. Dabei kommen viele Fragen auf. Eine Frage könnte lauten, wie wir uns in hundert Jahren vorwärtsbewegen werden. Ob wir dann noch immer in Autos, Zügen und Flugzeugen unterwegs sind oder ob es längst andere Verkehrsmittel gibt. Auch stellt sich die Frage, was die Medizin in hundert Jahren kann. Vielleicht gibt es bis dahin keine Krankheiten mehr, weil ganz viele Wundermittel erfunden wurden. Oder es ist ganz selbstverständlich, dass wir auf andere Planeten reisen und Bewohner anderer Planeten uns besuchen. Vielleicht gibt es in hundert Jahren auch ganz andere Tiere als heute. Vielleicht kehren Tiere aus der Vergangenheit wieder, wie zum Beispiel die Dinosaurier. Und wer weiß, wie sich die Menschen in hundert Jahren verändert haben. Vielleicht sind alle viel größer und es gibt nur noch Menschen, die mindestens zwei Meter groß sind. Oder die Menschen haben vier statt zwei Arme und drei statt zwei Augen. Du siehst, die Möglichkeiten sind unendlich und sehr spannend. Sicher wirst du eine kleine Auswahl treffen müssen, weil du ja nicht alles beschreiben kannst, außer du schreibst gleich ein ganzes Buch.

Beispiel 1

25. Mai 2110: Die Besiedlung des Mars war erfolgreich. Aber auf dem Mars herrschen strenge Regeln. Wer beim Wegwerfen von Müll erwischt wird, muss eine Strafe von hundert Bäumen zahlen, was sehr viel ist. Auf dem Mars gelten die Leute als reich, die die meisten, schönsten und ältesten Bäume haben. Das mag für einen von der Erde vielleicht komisch erscheinen, aber der erste Mann namens Leo erklärte den Mars zu einem Teil der Schweiz. Leo, der Schweizer war, erstellte diese Regeln. Er und seine Kameraden brachten von der Erde Bäume und Pflanzen auf den Mars. Heute können nur Leute, die Umweltschützer sind, also Leute vom WWF und von Greenpeace, Zoologen, Botaniker und Biologen den Mars betreten, aber dies wird sich bald ändern. Dann

darf jeder, der 500 Bäume bezahlt und sich mit den Regeln abfindet, auf den Mars.

(Emil, 11 Jahre)

Beispiel 2
1. Variante. Ich stelle mir die Zukunft so vor: Es gab einen weiteren Weltkrieg, der durch neue Technologie mehr als die Hälfte der Menschen getötet hat. Dadurch ist die Hygiene stark zurückgegangen, und es entwickeln sich schlimme Krankheiten, die noch mal die Hälfte der Lebenden dahinrafft. Es wird dann nur noch kleine Gruppen geben, die sich bekriegen, wenn sie aufeinandertreffen. Irgendwann löscht sich die Rasse Mensch selber aus. 2. Variante. Meine zweite Variante der Zukunft ist wesentlich schöner. Die Menschen werden keine Autos mehr haben, sondern Teleporter, die wie kleine Armbanduhren sind und sie überall hinteleportieren. Es wird einen einzigen, riesigen Staubsauger geben, der CO_2 aufsaugt. Wir werden keine Probleme mehr mit der Schule haben, weil man sich nur einen Helm aufsetzen muss und superschlau wird. Die Fabriken stellen kleine Lutscher her, die zwei Liter Wasser und genügend Vitamine, Kohlenhydrate, Nährstoffe, Fett und natürlich tolle Geschmacksrichtungen enthalten. Dabei wird zwar viel CO_2 in die Luft geblasen, aber der Staubsauger schafft das schon. Man verschickt einfach Gehirnbotschaften, das geht schneller als alles andere. Fernsehen gibt es nur noch in max. D, so dass man im Fernseher sitzt und mitspielt, aber keinen Schmerz empfindet, wenn etwas passiert.

(Benedict, 11 Jahre)

3. Übung: Die Welt in tausend Jahren

Jetzt wird es wirklich unvorstellbar. Tausend Jahre! In tausend Jahren kann eine Menge passieren. Niemand weiß, ob es in tausend Jahren überhaupt noch Menschen gibt und ob auf der Erde noch Leben möglich ist. Vielleicht hat sich die Welt in tausend Jahren so verändert, dass es überhaupt kein Land mehr gibt, sondern nur noch Wasser. Und die Menschen leben in Unterwasserstädten oder sind ausgewandert, auf den Mond oder den Mars. Oder es sind völlig neue Planeten entdeckt worden, auf denen das Leben vielleicht viel schöner ist als auf der Erde. Oder aber das Leben ist schwieriger geworden. Vielleicht hat es auch Kriege gegeben und nur wenige Menschen haben überlebt. Oder weil es zu viele Menschen geworden sind, haben wir auf der Erde ein Platzproblem bekommen, so dass wir Städte unter der Erde bauen mussten. Oder wir haben viele wertvolle Schätze gefunden. Vielleicht ist in tausend Jahren auch unser

Geld nichts mehr wert, und wir haben ein anderes Zahlungsmittel erfunden oder tauschen wieder wie früher. Vielleicht kommen in tausend Jahren die Kinder auch nicht mehr so auf die Welt wie heute. Vielleicht werden sie dann im Labor hergestellt. Vielleicht haben auch ein paar wenige Menschen die Macht an sich gerissen und sind den anderen nicht freundlich gesonnen. Aber vielleicht ist alles auch viel phantastischer, als ich es hier beschreibe, und du schreibst selbst, was es in tausend Jahren in dieser Welt alles geben wird.

Beispiel 1
In tausend Jahren sähe die Welt ganz anders aus. Es würden ganz andere Pflanzen und Tiere existieren. Auf dem Mars würden Pflanzen wachsen. Es gäbe Hochhäuser, die zehntausend Meter hoch sind, und Schulen, die so groß wie eine Stadt sind. Wir Menschen sähen auch ganz anders aus, wir wären zwei bis vier Meter groß und auch nicht alle geborene Menschen. Manche wären Klone. Es gäbe auch zu wenig Essen auf der Welt und deswegen würde es künstlich in Fabriken hergestellt. Manche Menschen würden auf dem Mars leben und ihre Verwandten auf der Erde mit Raumschiffen besuchen, die ihnen selbst gehören würden. Da würde ein Raumschiff so viel kosten wie heute ein Auto. Manche beamen sich auch von einem Planeten zum anderen. Aber das könnten sich nur die reichen Leute leisten. Es würde auch im Winter 30 Grad auf der Erde sein, denn die Sonne würde immer größer werden. Im Sommer wäre es 40 Grad heiß, aber da alle Häuser Klimaanlagen hätten, würde es in der Stadt nicht wärmer als 25 bis 30 Grad. Auf dem Merkur wäre es 80 bis 150 Grad heiß, kaum auszuhalten. Es gäbe auch keine Bäume mehr, nur noch einen, und der wäre in der heutigen Zeit zehn Milliarden Euro wert.
(Miro, 13 Jahre)

Beispiel 2
Hi, mein Name ist Kim. Ich wohne in der Milchstraße 27 auf dem Mars. Unser Haus hat einundzwanzig Stockwerke. Zehn unter der Erde und zehn über der Erde und eines, das dazwischen liegt. In diesem Stockwerk wohne ich. Das kann sehr lustig sein, wenn man zur einen Hälfte des Fensters zum Himmel hinaufsehen und zur anderen Hälfte den Marsregenwürmern mit zwei Köpfen zusehen kann. Genau das tue ich gerade. Ich bin aufgestanden und mache mich auf den Weg zur Schule. Die Schulrakete kommt gleich vorbei und bringt alle Kinder zur Erde, um zur Schule zu gehen. Leise schwebe ich zur Tür hinaus und schwebe zum Sammelplatz. Gerade kommt die Rakete mit einem lauten Knall zum Stehen. Die 10000000567 Kinder aus meiner Stadt steigen ein. Die Türen schließen sich, und die Rakete schießt, mit einem noch lauteren Knall als

bei der Landung, in den Himmel. Den größten Teil der Reise schlafen die
meisten Kinder. Nur kurz vor der Landung sind alle hellwach. Es ist noch
immer, genau wie vor einigen Jahrhunderten, eine riskante Sache. Gleich
ist es so weit. Meine kleine Schwester Isabella klammert sich an mich.
Sie hat heute ihren ersten Schultag und war noch nie auf der Erde. Gerade
fragt sie mich: »Und bist du dir ganz sicher, dass die Leute auf der Erde
genauso aussehen wie wir?« Bevor ich antworten kann: »Ja, natürlich
bin ich mir ganz sicher«, ruckelt und knallt es gewaltig. Unter, über und
neben uns leuchten alle roten Lichter auf. Dann ertönt die Stimme des
Fahrers: »In Kürze werden wir die Erde erreichen. Allerdings gibt es einen
technischen Fehler. Deshalb bitte ich euch, keine Geräusche zu machen.
Denn beim kleinsten Laut kann es passieren, dass ...« Er zögert. Nach
einer kurzen Pause redet er weiter: »... dass das Raumschiff auseinander-
bricht.« Als wir näher an die Erdatmosphäre kommen, überschlägt sich
das Raumschiff kurz. Meine Schwester stößt einen unterdrückten Schrei
aus, und die Rakete bekommt einen langen Riss. Der Fahrer tritt aufs
Gaspedal und rast auf die Erde zu. Als wir schon in der Erdatmosphäre
drin sind, stoßen einige einen kleinen, erleichterten Seufzer aus. Das war
zu viel. Das Raumschiff bricht völlig auseinander. Wir fallen heraus, und
ich bekomme fast einen Schock, weil ich es nicht gewöhnt bin, so schnell
zu fliegen. Alle Kinder halten sich an den Händen. Wir landen auf dem
Pariser Eifelturm. Es ist wirklich erstaunlich, wie wir da alle draufpassen.
Ich erhasche einen kurzen Blick nach unten. Die Rakete explodiert und
schießt in die Höhe. Wären wir wenige Sekunden zu langsam gewesen,
wäre es zu spät gewesen. Glück gehabt.

(Sarah-Kristin, 12 Jahre)

Übung 4: Die Welt in einer von dir bestimmten Zeit

Vielleicht möchtest du viel lieber selbst entscheiden, in welcher
zukünftigen Zeit du dir die Welt vorstellst. In dieser Übung kannst
du selbst bestimmen, wie viele Jahre du in die Zukunft blicken und
reisen möchtest und auf welche Weise. Vielleicht hast du ja ein
Zaubermittel, eine gläserne Kugel oder so, in der du die Zukunft
sehen kannst. Oder du findest im Internet eine Seite, auf der du in
die Zukunft blicken und vielleicht auch reisen kannst. Oder du hast
eine ganz eigene Möglichkeit gefunden, in die Zukunft zu reisen.
In diesem Text liegt alles, was die Zukunft betrifft, ganz alleine in
deiner Hand.

Beispiel 1
Wir schreiben das Jahr 2050. Das neue »I Think« ist auf den Markt
gekommen. Es ist von Apple. Eine Firma, die hauptsächlich MP3-Player
herstellt. Das »I Think« ist auch ein MP3-Player. Aber man kann damit
auch telefonieren. Das Beste aber ist, es weiß, was man denkt. Wenn
man z. B. eine SMS schreiben möchte, muss man nur den Bildschirm
berühren und denken, was man schreiben möchte. Es kostet auch nur
1200 Euro mit Vertrag von »O3 can we«. »Also greifen Sie zu«, sprach
der Werbesprecher auf »SAT1«. Das ist also das neue »I Think«, dachte
Julian sich, der schon ein »I Speak« hatte. Und schon wusste er, was er
sich zu Weihnachten wünschen würde.

(Jakob, 12 Jahre)

Beispiel 2
Die geheime Welt nach ... Laut Geologen wird es in über zehntausend
Jahren eine Eiszeit geben, da Afrika und Australien immer näher aneinan-
der kommen – zehn Zentimeter im Jahr. Wenn es also tausend Kilometer
zwischen den Kontinenten gibt, würden sie in tausend bis zehntausend
Jahren zusammenkommen. Menschen im Jahr 12 156 denken anders.
Es gibt viele Vulkanaktivitäten. Der Geologe Andrititis sagt: »Es wird
schwierig, denn die Wärmewerke im Pazifik und Atlantik haben immer
weniger Geld. Arbeiter streiken, und wir brauchen immer mehr Wärme.
Öl habe ich noch nie gesehen und Gas wird teuer und Igtris (ein Planet,
7,53 Lichtjahre von uns entfernt) will nicht helfen. Sie können uns bald
einnehmen.« Die Situation ist kritisch. Die Welt braucht Hilfe! Hilfe, die
keiner leistet! Jetzt brauchen wir Globusbesitzendes Eris. Nur Erisenergie
kann helfen. Delfinobile fungieren nicht. Nichts hilft. Außerdem herrscht
Krieg, es gibt nur zwei Länder: USEA (United States of Euroasia) und
AAAU (American, African and Australian Union). Sie bekriegen sich, weil
beide die Menschen wollen und es nicht mehr Platz gibt. Daher sterben
viele Menschen umsonst.

(Nino, 11 Jahre)

Zeitschleifen

Genaugenommen handelt es sich bei den Reisen in die Vergangenheit und Zukunft auch um Zeitschleifen. Denn eine Zeitschleife
bedeutet, dass die normale Zeitfolge von Vergangenheit, Gegenwart und Zukunft aufgehoben wird. Dennoch soll das Thema der
Zeitschleife in diesem Abschnitt noch einmal in spezieller Weise

aufgegriffen werden, nämlich in der Form, dass sich bestimmte Zeiteinheiten, wie beispielsweise ein Tag, immer wiederholen, wie es oben bereits für den Film »Und täglich grüßt das Murmeltier« beschrieben wurde (siehe Seite 89). Eine andere mögliche Vorstellung wäre, dass man in einer bestimmten Lebensphase, zum Beispiel der Pubertät, gefangen ist und immer in diesem Alter bleibt oder dass man schon als Greis geboren wird. Vorstellbar wäre auch, dass man in die Vergangenheit oder Zukunft gereist ist und nicht wieder zurückkann. Selbstverständlich gilt auch hier wieder, dass alle deine eigenen Ideen zum Thema »Zeit« willkommen und wert sind, aufgeschrieben zu werden.

Übungen 1–3

1. Übung: Immer wieder Montag

Stell dir vor, es gäbe keine Wochentage mehr, sondern jeder Tag wäre ein Montag. Natürlich wäre es schöner, wenn jeder Tag ein Sonntag wäre, weil man dann nicht in die Schule müsste, aber vielleicht wäre das auch ziemlich langweilig. Jedenfalls ist in dieser Übung immer wieder Montag. Du stehst wie jeden Morgen auf und am ersten Montag stellst du noch nichts Ungewöhnliches fest, weil es ein Montag wie jeder andere ist. Als du aber am nächsten Morgen aufwachst, ist eben nicht Dienstag, sondern schon wieder Montag und auch am nächsten und dem darauf folgenden Tag ist nicht Mittwoch oder Donnerstag, sondern schon wieder Montag. Und vielleicht findest du das ganz schrecklich, weil du montags immer zwei Stunden Mathe hast, eine Stunde Geschichte, eine Chemie und zwei Stunden Physik oder so. Vielleicht ist es aber auch so, dass der Montag ein besonders guter Tag ist, weil du nur vier Stunden Schule hast und zwei davon Sport sind und du nachmittags ins Fußballtraining oder zum Reiten gehst.

Beispiel 1
Es ist 6 Uhr morgens. Der Wecker klingelt und Lissie steht seufzend auf. Es ist Montag – ihr Hasstag. Sie seufzt noch einmal und zieht sich an, um runter zum Frühstück zu gehen. Schnell schlingt sie zwei Scheiben Toast runter und putzt sich die Zähne. Kurz darauf radelt sie

zur Schule, holt das Klassenbuch und stellt ihren Schulranzen ab. Sie denkt daran, dass sie die Hausaufgaben für Musik noch nicht gemacht hat, und bereitet sich schon auf das Gemecker ihres Lehrers vor. Es ist genau, wie sie gedacht hat – ihr Lehrer meckert sie an und trägt es in sein Heftchen ein. Die Doppelstunde kommt ihr heute noch länger vor. Endlich ist Pause. Doch am Ende des Tages ist sie so geschafft, dass sie sich auf ihr Bett schmeißt und gleich darauf einschläft. Als sie am nächsten Tag ins Klassenbuch schaut, stutzt sie: Für den Montag hat kein einziger Lehrer reingeschrieben! Aber sie hatte es doch gesehen, da war sie sich ganz sicher! Also fragte sie ihre beste Freundin Nora, doch die sagte, gestern hätte gar kein Lehrer reinschreiben können, weil gestern doch Sonntag war. Sie ärgerte sich, weil sie dachte, Nora würde sie veräppeln, und ließ sie stehen. Doch als der Stundenplan genau derselbe wie gestern war, als jeder Lehrer sie dasselbe fragte und immer wieder dasselbe passierte, wusste sie: Sie erlebte genau denselben Tag noch einmal! Es war wieder Montag. Und wieder und wieder und wieder. So ging es die ganze Woche, den ganzen Monat, das ganze Jahr. Bis sie schließlich müde und unausgeschlafen aufwachte.

(Valentina, 11 Jahre)

2. Übung: Hundert Mal Geburtstag

Das klingt zunächst nach einer ziemlich guten Sache, denn wer hat nicht gerne Geburtstag? Da bekommt man Geschenke und Lieblingsspeisen und darf vielleicht ein Fest veranstalten. Allerdings hast du nun an hundert aufeinanderfolgenden Tagen Geburtstag, und ich bin mir nicht sicher, ob das auf Dauer nicht ein wenig anstrengend oder langweilig wird. Zumal es immer derselbe Geburtstag ist, du also hundert Mal acht oder neun oder zehn Jahre alt wirst und vielleicht irgendwann keine Lust mehr auf die immer gleichen Spiele und Freunde hast. Aber vielleicht findest du es auch toll und machst ein hunderttägiges Fest daraus. Ab hier ist es deine Geschichte.

Beispiel 1
Hundert Mal Geburtstag! Ist das aufregend. Immer wieder Geschenke und Kuchen! Ist das toll. Aber ist es nicht langweilig, immer wieder elf zu werden? Vielleicht, aber es ist lustig. Man macht einen Übernachtungsgeburtstag. Man guckt Filme, geht ins Schwimmbad, spielt Spiele und so weiter. Aber am sechzigsten Geburtstag wird es bestimmt langweilig. Da weiß man nicht, was man machen soll. Da kann man nichts mehr machen, als Geburtstag feiern, und irgendwann will man nie wieder Geburtstag feiern. Am hundertsten Geburtstag sagt man dann: »Endlich

kein Geburtstag mehr.« Aber nach einem Jahr will man wieder Geburtstag feiern. Ich glaube hundert Mal Geburtstag feiern ist nicht toll, vielleicht genügen zwei bis drei Mal pro Jahr schon. Obwohl es ein schönes Erlebnis sein könnte, hundert Mal Geburtstag zu feiern. Wenn jemand hundert Mal Geburtstag feiert, wünsche ich ihm jedenfalls Spaß.

(Jimmy, 11 Jahre)

3. Übung: Wahltag

In dieser Übung suchst du dir selbst einen Tag aus, den du immer wieder erlebst. Das kann ein besonders schöner, ein besonders schrecklicher oder ein ganz gewöhnlicher Tag sein. Vielleicht wird auch ein schöner zu einem schrecklichen Tag, wenn du ihn immer wieder erlebst. Aber du hast die Freiheit, den Tag ein klein wenig zu verändern. Es ist zwar immer derselbe Tag, aber schließlich bist du der Erfinder der Geschichte und kannst entscheiden, was möglich ist. Einzige Vorgabe ist, dass es immer derselbe Tag ist und du dementsprechend immer im gleichen Alter bist, wie auch alle anderen in deiner Geschichte vorkommenden Personen immer im gleichen Alter sind und alles andere ebenfalls gleich bleibt, zum Beispiel die Klasse, in die du gehst, die Ereignisse, die in der Welt stattfinden, die Jahreszeit und so weiter. Also die Grunddaten bleiben gleich und bei den Details kannst du Veränderungen vornehmen, wenn du magst.

Beispiel 1
Es ist der 8. 11. 1989. Es ist Abenddämmerung. Alles ist wie immer und es gibt die Menschen hinter der Mauer und es gibt die Menschen vor der Mauer. Und dann, plötzlich bricht die Mauer und alle Menschen freuen sich und feiern den Mauerfall.
Es ist der 8. 11. 1989. Es ist Abenddämmerung. Alles ist wie immer und es gibt die Menschen hinter der Mauer und es gibt die Menschen vor der Mauer. Und dann, plötzlich bricht die Mauer und alle Menschen freuen sich und feiern den Mauerfall.
Es ist der 8. 11. 1989 …

(Jacob, 11 Jahre)

Beispiel 2
Es ist ein schöner warmer Frühlingstag, und ich freue mich, denn meine beste Freundin hat mich zu ihrem zwölften Geburtstag eingeladen. Es ist Samstag, und ich muss jetzt los und Brötchen kaufen. Doch als ich beim Bäcker ankomme, gibt es nur noch ein paar Croissants, die mindestens

eine Viertelstunde zu lange im Ofen waren. Traurig gehe ich wieder nach Hause, und wir essen das halb vertrocknete Brot vom Montag. Jetzt muss ich mich beeilen, wenn ich noch rechtzeitig kommen will. Ich ziehe mir also schnell Schuhe an und renne zu meinem Fahrrad und fahre los. Ich muss ein ganzes Stück durch den Wald und merke, weil ich so schnell nicht bin, dass, trotz des warmen Wetters, noch Schnee auf dem Weg liegt. Doch leider habe ich ja meinen Helm vergessen und knalle mit voller Wucht gegen einen Baum. Ich fahre weiter, und als ich endlich eine Stunde zu spät ankomme, stelle ich fest, dass ich das Geschenk vergessen habe und sage: »Du bekommst es noch.« Der Rest des Nachmittags verläuft glatt. Nach dem Geburtstag fahre ich langsam nach Hause. Meine Mutter wartet schon. Sie hat den Rest des Brotes noch einmal in den Ofen gesteckt. Keine gute Idee! Jetzt sieht es den Croissants ähnlich. An diesem Abend schlafe ich früh ein und hoffe, dass der nächste Tag besser wird. Am nächsten Morgen wache ich wieder um 10:13 Uhr auf, und als ich das Display meines Weckers sehe und dort das Datum 20. 3. 10 lese, weiß ich sofort, dass sich der gestrige Tag wiederholt. Am liebsten wäre ich im Bett geblieben. Doch stattdessen springe ich auf, ziehe mich an und renne zum Bäcker. Es gibt wieder nur die zu lange gebackenen Croissants. Also eile ich wieder zurück und natürlich essen wir wieder das alte Brot. Ich muss mich schon wieder beeilen, doch dieses Mal habe ich das Geschenk im Rucksack auf dem Rücken und den Helm auf dem Kopf. Ich rase genau wie gestern los und rutsche wieder auf dem Schnee aus und knalle dieses Mal mit Helm an den Baum. Zum Glück spare ich dadurch viel Zeit und komme heute wenigstens halbwegs pünktlich. Der Nachmittag wird wieder sehr spaßig und am Abend komme ich wieder sehr müde zu Hause an. Natürlich hat Mama das Brot wieder in dem Ofen, und auch dieses Mal ist es schwarz. Das stelle ich fest, dann gehe ich ins Bett und schlafe sofort ein. Die nächsten fünf Tage passiert das Gleiche, dann lebe ich ganz normal weiter …

(Clara, 12 Jahre)

Das Spiel mit den Worten

»Träumst du, Frederick?« fragten die Feldmäuse, die arbei-
teten, den halb eingeschlafenen Frederick vorwurfsvoll.
»Aber, nein«, sagte Frederick, »ich sammle Wörter. Es gibt
viele lange Wintertage – und dann wissen wir nicht mehr,
worüber wir sprechen sollen.«

Leo Lionni, Frederick

Wortfiguren

Hinter vielen geheimnisvoll und großartig klingenden literarischen
Bezeichnungen verbergen sich oft ganz einfache Dinge. Was in der
Germanistik, also der Literaturwissenschaft, als Wortfigur bezeichnet wird, bedeutet nichts anderes als ein bestimmtes Wortgebilde,
mit dem sich, ebenso wie mit allen anderen Wörtern, ganz unbefan-
gen spielen lässt. Indem man die einzelnen Wortfiguren ausprobiert,
verliert man die Angst vor den Bezeichnungen und erweitert ganz
nebenbei seine sprachlichen Fähigkeiten. Durch die den Übungen
vorangestellten kurzen Erklärungen, die Beispiele und das eigene
Experimentieren prägen sich die Wortfiguren leicht ein, so dass du
sie nicht auswendig lernen musst. In dem kurzen Beschreibungstext
zu jeder Wortfigur finden sich jeweils Beispiele, die verdeutlichen
sollen, um was es geht. Diese Beispiele sind von Erwachsenen und
manchmal ein wenig langweilig und zuweilen vielleicht sogar unnö-
tig schwierig, leichter sind dagegen die darauf folgenden Beispiele
der Kinder und Jugendlichen. Wer mag, versucht zu jeder Wortfigur
selbst ein paar Beispiele zu finden. Die kann man dann einem Lehrer
oder den Eltern zeigen und sehen, ob sie funktionieren und ob es
tatsächlich Beispiele für die jeweilige Wortfigur sind.

Die Wortfiguren sind ungeachtet ihres Schwierigkeitsgrades
alphabetisch geordnet, damit man sich leichter zurechtfindet. Wem
die eine oder andere Wortfigur zu Beginn zu schwer oder uninteres-

sant vorkommt, fängt einfach mit einer anderen an. Die Reihenfolge, in der die Übungen durchgeführt werden, spielt keine Rolle. Auch müssen selbstverständlich nicht alle Wortfiguren ausprobiert werden, sondern nur die, auf die du Lust hast und zu denen dir etwas einfällt. Denn wie immer soll das Schreiben vor allem Spaß machen und die Phantasie anregen.

Es sind aber nicht nur Wortfiguren erklärt, sondern zugleich auch andere Mittel, mit deren Hilfe man einen Text interessanter machen kann und die einem beim Schreiben von Geschichten helfen können. Obwohl jeder Literaturwissenschaftler mir den Kopf abreißen würde, weil ich beispielsweise die *Ironie* oder die *Personifikation* zu den Wortfiguren rechne, habe ich sie hier eingefügt, da es von euch ein wenig viel verlangt wäre, innerhalb der einzelnen Stilmittel zu unterscheiden. Alles, was beim Schreiben nützlich ist, darf man verwenden, so auch das *Binom*, das eigentlich ein Begriff aus der Mathematik ist. Aber seht selbst.

Übungen 1–11

Übung 1: Die Allegorie

Werden mehrere Worte oder ganze Sätze in Form von sprachlichen Bildern beschrieben und werden zudem vielleicht komplizierte Bilder verwendet, spricht man von einer Allegorie. Bei einer Allegorie handelt es sich um eine Art indirekter Aussage, bei der eine Sache aufgrund ihrer Ähnlichkeit für eine andere Sache eingesetzt wird. Man verwendet die Allegorie wie die Metapher, um etwas anschaulicher und leichter begreifbar zu machen. Hier ein Beispiel für eine Allegorie: *Die Nacht verhält sich zum Tag wie der Tod zum Leben.* Einfachere Beispiele zu Sprachbildern, also zu Wörtern, die Bilder malen, findest du unter dem Stichwort Metapher (siehe Seite 116). Vielleicht fängst du zum Üben mit dieser etwas einfacheren Form an und schreibst erst später eine Allegorie, zumal die Aufgabe wirklich nicht leicht ist.

Beispiel 1
Das Alphabet ist die Krücke der Sprachlosen.

Beispiel 2
So wie viele Tropfen zu einem reißenden Strom werden können, können
viele Menschen eine Revolution bewirken.

Beispiel 3
Aus einem Samenkorn können so viele Blumen erblühen, wie aus einem
Gedanken Ideen erwachsen.

(Marie, 15 Jahre)

Übung 2: Die Alliteration

Alliteration bedeutet, dass mehrere aufeinanderfolgende Wörter den
gleichen Anfangslaut haben. Obwohl es auch andere Möglichkeiten
der Alliteration gibt, wollen wir der Einfachheit halber sagen, dass
bei einer Alliteration die aufeinanderfolgenden Wörter mit dem-
selben Buchstaben anfangen. Das führt zu einem schönen Klang
und Rhythmus und kann die Zusammengehörigkeit miteinander
verknüpfter Ausdrücke betonen. Außerdem hilft es dabei, sich Texte
leichter zu merken. Zum Beispiel: *Anna aß alte Ananas am Abend*
oder *Sonnigen sonntags sitzt Susi Sauer seltsam still*. Zunächst geht
es also gar nicht so sehr darum, besonders sinnvolle Sätze zu bilden, sondern einfach nur um ein Experiment mit verschiedenen
Buchstaben. Vielleicht fängst du dazu im Alphabet vorne an, oder
du nimmst deinen Lieblingsbuchstaben, wenn du einen hast, oder
den erstbesten Buchstaben, der dir gerade einfällt.

Beispiel 1
Runde Räder rollen runter.

Beispiel 2
Brummige Bären betrachten Bienen.

Beispiel 3
Drollige Dachse denken dauernd daran, das Dach (zu) demolieren.

(Lisa, 16 Jahre)

Übung 3: Das Anagramm

Beim Anagramm wird ein Wort als Ausgangspunkt genommen und
aus den Buchstaben, die sich in diesem Wort befinden, werden neue
Wörter gebildet. Ein Anagramm ist also ein Spiel mit Buchstaben.

Die Besonderheit ist, dass kein Buchstabe weggelassen und keiner hinzugefügt werden darf. Erlaubt und oftmals auch erforderlich ist das Umlauten, das heißt, ä, ö und ü werden zu a+e, o+e und u+e. Außerdem kann ß in s+s zerlegt werden. Ein einfaches Beispiel: *Maus* und *Saum.* Je länger das Ausgangswort ist, umso mehr Anagramme lassen sich bilden. Ein kompliziertes Beispiel: *Arbeitslosenhilfe* wird *zu fahle Selbstironie, inhaltslose Briefe, Rastlosenbeihilfe, hilfloses Arbeiten, riesenhaft lieblos.* Eine Sonderform des Anagramms ist das Palindrom (siehe Übung 8, Seite 117).

Beispiel 1
Anagrammsuche – Manch Grausame

Beispiel 2
Mehl – Helm

Beispiel 3
Ampel – Palme

(Nathalie, 16 Jahre)

Übung 4: Das Binom

Der Ausdruck »Binom« stammt aus der Mathematik und bedeutet die Summe oder Differenz zweier Einzelteile. In der Sprache könnte man Binome als Wortpaare verstehen, die begriffliche Gegensätze darstellen, wie *heiß* und *kalt, weich* und *hart, reich* und *arm.* Oft ist es ja so, dass man ein Wort meist schon mit seinem Gegenteil denkt, das heißt, wenn du an *hell* denkst, kommt dir sicher auch gleich das Wort *dunkel* in den Sinn. Binome sind für das Schreiben hilfreich, weil sie Spannung aufbauen. Gegensätze erzeugen mehr Spannung und aktivieren die Vorstellungskraft stärker als Begriffe, die inhaltlich weitgehend dasselbe bedeuten wie zum Beispiel *kalt* und *kühl.* Als stärkste Ausprägung eines Binoms könnte man das Oxymoron (siehe Seite 117) verstehen, das nun tatsächlich wieder aus dem Bereich der Literatur kommt und von uns nicht nur dafür ausgeliehen wurde.

Beispiel 1
Schwarz und weiß

Beispiel 2
Klein und groß

Beispiel 3
Dünn und dick

(Oleksandra, 15 Jahre)

Übung 5: Die Ironie

Wie schon erwähnt, handelt es sich bei der Ironie im strengen
Sinne nicht um eine Wortfigur. Aber die Ironie wird in der Literatur ebenfalls als Stilmittel eingesetzt, weswegen sie hier erwähnt
werden soll. Ironie bedeutet, dass man etwas sagt oder schreibt
und eigentlich etwas ganz anderes meint, was aber oft nur aus
dem Zusammenhang heraus deutlich wird. Ist es draußen zum
Beispiel sehr kalt, sagen wir minus zehn Grad, und man schreibt
aber: *Heute ist es herrlich warm und kuschelig draußen*, dann ist
dies eine ironische Aussage.

Beispiel 1
Wenn jemand etwas fallen lässt: »Toll gemacht.«

Beispiel 2
Der Teufel ist immer ein guter Berater.

Beispiel 3
Die dümmsten Schafe suchen sich ihren Metzger selber.

(Thomas, 16 Jahre)

Übung 6: Die Metapher

Diese Wortfigur hast du sicher schon benutzt, und sie dürfte dir bei
deiner Phantasie kein bisschen schwerfallen. Es geht nur darum,
ein Bild zu finden, das dabei hilft, sich einen Sachverhalt besser
vorzustellen. Eine *Schäfchenwolke* weckt zum Beispiel eine andere
Vorstellung als das Wort *Wolke* alleine. *Hart wie Stahl* meint besonders hart, also härter als hart, und weil härter als hart nicht so schön
klingt, kann man eben *hart wie Stahl* oder *stahlhart* sagen. Da du
sicher selbst schon zahlreiche Metaphern verwendet hast, vielleicht
auch ohne es zu wissen, musst du nichts weiter machen, als dich
daran zu erinnern und diese aufzuschreiben.

Beispiel 1
Felsenfest

Beispiel 2
Rabenmutter

Beispiel 3
Die Nadel im Heuhaufen

(Oleksandra, 15 Jahre)

Übung 7: Das Oxymoron

Das Oxymoron ist ein Wortpaar, das in sich einen Widerspruch birgt, wie *eisiges Feuer* oder *schwarzer Schimmel* (gemeint ist das Pferd). Also zwei Begriffe, die eigentlich nicht zusammenpassen, sondern das Gegenteil sagen – Feuer ist schließlich heiß und ein Schimmel weiß –, werden zusammengebracht. Das dient dazu, Verwirrung zu stiften und Aufmerksamkeit zu schaffen. Versuch selbst ein paar Gegensatzpaare zu finden und daraus ein Oxymoron zu bilden.

Beispiel 1
Sanftes Chili

Beispiel 2
Saure Banane

Beispiel 3
Trockenes Wasser

(Johanna, 15 Jahre)

Übung 8: Das Palindrom

Eine Sonderform des Anagramms (siehe Seite 114 f.) ist das Palindrom, bei dem ein Wort sowohl von vorne als auch von hinten gelesen einen Sinn ergibt: *Leben – Nebel*; *Lager – Regal*. Das Paradebeispiel eines Palindroms ist der folgende Satz: *Ein Neger mit Gazelle zagt im Regen nie.* Und weil Palindrome noch seltener sind als Anagramme, darf man besonders stolz sein, wenn einem eines einfällt.

Beispiel 1
Die – Eid

Beispiel 2
Gras – Sarg

Beispiel 3
Rot – Tor

Beispiel 4
Sie – Eis

(Johanna, 15 Jahre)

Übung 9: Die Personifikation

Wie bei der Ironie handelt es sich auch bei der Personifikation im
strengen Sinne nicht um eine Wortfigur. Aber auch sie wird als Stilmittel eingesetzt, weswegen sie hier erwähnt wird. Eine Personifikation liegt dann vor, wenn du etwas vermenschlichst, was eigentlich
eine Sache oder ein Tier ist. Genaugenommen hast du das schon
kennengelernt, als du bei den Phantasiereisen einen Stuhl und einen
Tisch miteinander hast sprechen lassen (siehe Seite 60). Wenn du die
Übung noch nicht gemacht hast, hier die Erklärung: Bei der Personifikation verleihst du einem Tier oder Gegenstand Fähigkeiten, die
diese nicht haben, zum Beispiel das Sprechen und Denken. Damit
vermenschlichst du das Tier oder den Gegenstand und hast damit
eine Personifikation vorgenommen. Kurze Beispiele: *Der Himmel
weint* oder *Die Sonne lacht.* Du erkennst sicher, wie ähnlich eine
Personifikation einer Metapher oder Allegorie sein kann. Und auch
hier gilt: Was hilft, das Schreiben interessant zu machen, ist erlaubt.

Beispiel 1
Die Sonne versinkt.

Beispiel 2
Das brausende Meer

(Melissa, 15 Jahre)

Übung 10: Die Tautologie

Tautologie bedeutet so viel wie Wortdoppelung oder inhaltliche Wiederholung und meint, dass etwas, das in einem Wort eigentlich schon
enthalten ist, zusätzlich mit einem zweiten Wort noch einmal erklärt

wird, zum Beispiel *weißer Schimmel*. Da ein Schimmel (gemeint ist ein Pferd) immer weiß ist, muss man das nicht extra sagen, aber indem man es extra sagt oder schreibt, betont man es noch einmal besonders. Ein weiteres Beispiel: *kaltes Eis*. Auch hier: Eis ist in der Regel kalt, und wenn man das dann noch extra erwähnt, hebt man es hervor. Genauso: *heißes Feuer, weißer Schnee, schwarze Kohle*. Nun könnte man sagen, dass man diese Wortfigur nicht braucht, wenn es doch nur eine Wiederholung ist, aber sie dient wie gesagt dazu, etwas zu betonen, um es hervorzuheben.

Beispiel 1
Braune Erde

Beispiel 2
Rotes Blut

Beispiel 3
Weiße Watte

(Melissa, 15 Jahre)

Übung 11: Die Verfremdung

Auch die Verfremdung stellt nicht im eigentlichen Sinn eine Wortfigur dar, sondern ist ein literarisches Stilmittel. Weil sie sich aber für phantastische Texte ganz hervorragend eignet, soll sie an dieser Stelle erwähnt werden. Du hast das Mittel der Verfremdung schon bei der Konstruktion der Rätsel (siehe Die Rätselmaschine, Seite 75) kennengelernt. Es bedeutet, dass du Dinge aus ihrer normalen Umgebung und Bedeutung herauslöst und in eine neue, ungewöhnliche Umgebung und Bedeutung hineinstellst, also ungewöhnliche Zusammenhänge schaffst. Wenn du beispielsweise *in der Steinzeit ein Flugzeug fliegen* oder *ein Auto fahren* lässt, was es zu dieser Zeit beides nicht gab, hast du bereits eine Verfremdung vorgenommen. An ihrem Ort und in ihrem Zusammenhang mögen bestimmte Gegenstände und Personen keine Besonderheit darstellen. Wenn du sie aber ungewöhnlich kombinierst, können sie die Phantasie auf wundersame Weise anregen, wie zum Beispiel *eine Ziege im Schlafzimmerschrank* oder *ein Indianer auf der Autobahn*. Eine andere Möglichkeit der Verfremdung ist die Unterbrechung des eigenen Textes durch einen Kommentar. Diese Art der Verfremdung wird auch gerne im Theater verwendet. Vielleicht bleiben wir aber zunächst bei der ersten Variante, die ein wenig leichter ist. Ich denke, du hast verstanden, um was es geht, und kannst selbst ein paar schräge Bezüge herstellen. Leg einfach los und achte darauf, ob das, was du dir ausgedacht hast, dir selbst oder anderen lustig vorkommt.

Beispiel 1
Ein Neandertaler in der Raumsonde.

Beispiel 2
Ein Fisch in der Wüste.

Beispiel 3
Ein fliegender Teppich im Vakuum.

(Lisa, 16 Jahre)

Des Verses Schmied

Was ist schon ein Gedicht? Zunächst einmal sind es ein paar Worte in einer bestimmten Anordnung, mit einem bestimmten Rhythmus und einem manchmal komplizierten und manchmal weniger komplizierten Reimschema. Und zugleich sind das alles keine absoluten Notwendigkeiten für ein Gedicht, weil ein Gedicht sich nicht unbedingt reimen muss und es auch Gedichte gibt, die keinen besonderen Rhythmus haben und so weiter. Es gibt Definitionen, die besagen, ein Gedicht ist alles, was aus zwei Zeilen besteht und vom Schriftbild einem Gedicht ähnelt, aber das sind eher akademische Überlegungen, die uns nicht weiter bekümmern sollen. Schließlich wollen wir in erster Linie schreiben und Spaß dabei haben. Und das kann man mit Gedichten. Wie du in den Beispielen feststellen wirst, wird in Gedichten, anders als in erzählenden Texten, auch etwas großzügiger mit der Groß- und Kleinschreibung umgegangen. Manche Dichter nutzen die Groß- und Kleinschreibung, um damit zusätzlich etwas zum Ausdruck zu bringen, andere nutzen sie so, wie es ihnen gerade in den Sinn kommt. Und so darfst du es bei deinen Gedichten auch halten.

Gedichtrezepte

Gedichte schreiben ist wie Kochen, man braucht nur die richtigen Zutaten in der richtigen Menge und Reihenfolge und muss wissen, welche Zutat man weglässt, weil sie das Ger(d)icht möglicherweise verdirbt, wie zum Beispiel Salz in der Schokolade. Und weil es unterschiedliche Rezepte gibt, bei denen man unterschiedlich viele Zutaten braucht, kannst du in der Folge auch verschieden lange Gedichte schreiben, wobei eine Zeile gewissermaßen einer Zutat entspricht. Im Grundrezept findest du eine kleine inhaltliche Einleitung, was in den einzelnen Zeilen stehen könnte. Damit du eine Vorstellung bekommst, was gemeint ist, folgen an dieser Stelle wie immer ein paar Beispiele.

Übungen 1–4

1. Übung: Ein Rezept mit vier Zutaten:
1. Zeile: Eine Jahreszeit.
2. Zeile: Ein dazu passendes Gefühl.
3. Zeile: Ein Gegenstand.
4. Zeile: Das daraus folgende Ergebnis.

Beispiel 1
man mische hundert Gramm Winterzeit
mit hundert Gramm Fröhlichkeit
gebe eine Priese Schnee hinein
das schmeckt ganz fein

(Helena, 16 Jahre; Ruth-Eva, 15 Jahre)

2. Übung: Ein Rezept mit fünf Zutaten
1. Zeile: Ein Tier.
2. Zeile: Wie bewegt sich das Tier?
3. Zeile: Wo will es hin?
4. Zeile: Es kommt ein Hindernis.
5. Zeile: Die Folge davon ist.

Beispiel 1
ein Floh
hüpft herum ganz froh
wollte doch zum Klo
doch da saß schon ein Popo
armer kleiner Floh

(Ann-Kathrin, 15 Jahre; Daniela, 16 Jahre)

3. Übung: Ein Rezept mit sechs Zutaten
1. Zeile: Ein Schicksalsschlag.
2. Zeile. Dazu gehörende Gefühle.
3. Zeile: Personen, die davon betroffen sind.
4. Zeile: Eine Jahreszeit, in der es zum Schicksalsschlag kommt.
5. Zeile: Gegenstände, die bei dem Ereignis eine Rolle spielen.
6. Zeile: Der Ort, an dem das Ereignis stattfindet.

Beispiel 1
von einer geplatzten Hose
peinlich berührt, den Fluchtweg suchend
springt Klein Elvira
im Herbst durch fallende Blätter
mit schwerem Gepäck
von Pfosten zu Pfosten

(Marie-Luise, 14 Jahre; Ruth-Eva, 15 Jahre)

Das Elfchen

Hinter dem wunderbar luftig klingenden Wort verbirgt sich ein Gedicht mit elf Wörtern, das nach folgendem Schema aufgebaut ist:
1. Zeile: 1 Wort
2. Zeile: 2 Wörter
3. Zeile: 3 Wörter
4. Zeile: 4 Wörter
5. Zeile: 1 Wort

Wer mag, kann sich im Gedicht an folgende Fragen anlehnen:
1. Zeile: Ein Gedanke/Gegenstand/Geruch.

2. Zeile: Was macht das Wort der 1. Zeile?
3. Zeile: Wo oder wie ist das Wort der 1. Zeile?
4. Zeile: Was meinst du zu dem Geschehen?
5. Zeile: Was kommt dabei heraus?

Beispiel 1
Fußball
fliegt schnell
hab ihn gleich
kurz vor dem Tor
Foul

(Ann-Kathrin, 15 Jahre)

Beispiel 2
fliegen
wohin nur
im Kreis herum
und irgendwann landen
daheim

(Marie-Luise, 15 Jahre)

Der Limerick

Ein Limerick ist ein scherzhaftes Gedicht mit fünf Zeilen, das eine Geschichte mit einer Pointe erzählt und folgendes Reimschema hat: *aabba* (siehe Reimformen, Seite 124). Normalerweise wird bei einem Limerick noch ein bestimmter Rhythmus gefordert, was aber, wenn man gerade erst anfängt, sich mit Gedichten zu beschäftigen, vielleicht ein wenig schwierig ist, da man sich schon auf Reim und Inhalt konzentrieren muss und durch zu viele Vorgaben schließlich nicht verschreckt werden soll. Denn das Dichten ist für uns in erster Linie wieder ein Spiel mit Worten und Gedanken. In den folgenden Beispielen findest du auch so genannte unreine Reime. Von einem unreinen Reim spricht man zum einen, wenn das Schriftbild unterschiedlich ist, die Wörter aber ähnlich klingen, zum Beispiel *Quiche* und *Fisch*; zum anderen spricht man von einem unreinen Reim, wenn das Schriftbild gleich, der Wortklang aber unterschiedlich ist, zum Beispiel *ruft* und *Luft*.

Beispiel 1
Kommt eine Katze (a)
Hebt die Tatze (a)
Und die Maus (b)
Rennt ins Haus (b)
Katze zieht Fratze (a)

(Ann-Kathrin, 15 Jahre)

Beispiel 2
Die Motte sprach zum Känguru (a)
Ich habe Flügel, was hast du (a)
Das Känguru sinnte lange (b)
Inzwischen kam die Schlange (b)
Und das Kängu hat vor der Motte Ruh (a)

(Annette, 15 Jahre)

Reimformen

Es gibt unzählig viele Reimformen, also Gedichte, die mit gleich
oder ähnlich aussehenden oder gleich beziehungsweise ähnlich klingenden Wörtern arbeiten. Dabei kann ein solcher Reim am Anfang
einer Zeile stehen, in der Mitte oder am Ende. Am bekanntesten
sind die so genannten Endreime, also Reime, die am Ende der Zeile
stehen. Und schon hier gibt es wiederum zahlreiche Schemata, von
denen die häufigsten im Folgenden beim Namen genannt und mit
einem Beispiel verdeutlicht werden. Die kleinen Buchstaben a, b, c
und so weiter geben das Reimschema an. Und weil es einen ganz
schön ins Schwitzen bringen kann, Reimpaare finden zu müssen,
anbei wieder ein paar Beispiele, bevor es mit dem eigenen Reimen
losgeht. Natürlich können hier nicht alle Reimformen aufgeführt
und durchgespielt werden, sondern nur eine kleine Auswahl. Wer
Spaß daran hat, kann sich weitere Reimformen in einem Buch über
Gedichte heraussuchen.

Übungen 1–6

Übung 1: Paarreim aabb ccdd

Beispiel 1
Wind willst du mir um die Nase wehen (a)
dann werd ich jetzt spazieren gehen (a)
meinen Hund Fritz, den nehme ich mit (b)
das hält uns beide fit (b)

wir laufen in den schönen Wald (c)
doch machen Rast schon bald (c)
auch kurze Wege haben was (d)
sind schnell vorbei und machen Spaß (d)

(Christina, 16 Jahre; Ulrike, 15 Jahre)

Übung 2: Kreuzreim abab cdcd

Beispiel 1
es war mal eine Kuh (a)
die stand auf einer Wiese (b)
und machte zu mir Muh (a)
erinnerte an Tante Liese (b)

kürzlich war die Liese zu Besuch (c)
aß meinen ganzen Kuchen (d)
verkleckerte das schöne Tuch (c)
soll mich nie wieder besuchen (d)

(Christina, 16 Jahre; Ulrike, 15 Jahre)

Übung 3: Blockreim (umarmender Reim) abba

Beispiel 1
unsere Bilder hängen jetzt (a)
farbenfroh und munter (b)
Gang hinauf und hinunter (b)
und nur eines wurde verletzt (a)

(Annette, 15 Jahre; Christine, 14 Jahre)

Übung 4: Haufenreim aaaa bbbb

Beispiel 1
heute Abend beim Wein (a)
mit Groß und Klein (a)
bleibt niemand allein (a)
kommt alle herein (a)

oder auch beim Saft (b)
fürs Tanzen viel Kraft (b)
keine Lücke klafft (b)
wir haben‹s geschafft (b)

(Annette, 15 Jahre; Christine, 14 Jahre)

Übung 5: Schweifreim (Zwischenreim) aabccb

Beispiel 1
der Kuss ist feucht (a)
am Boden kreucht (a)
ein Wurm (b)
ein Schritt zurück (c)
den Wurm zerdrück (c)
ich im Liebessturm (b)

(Monika, 16 Jahre; Anuschka, 15 Jahre)

Übung 6: Kettenreim ababcb

Beispiel 1
auf dem schwarzen Fensterbrett (a)
saß eine dicke Katz (b)
Das alles war im Lazarett (a)
mit einer wunden Tatz (b)
Das war nicht schön (c)
die Katze fraß den Spatz (b)

(Monika, 16 Jahre; Anuschka, 15 Jahre)

Es war einmal – die Macht der Märchen

Wir meinen, das Märchen und das Spiel gehöre zur
Kindheit: wir Kurzsichtigen! Als ob wir in irgendeinem
Lebensalter ohne Märchen und Spiel leben möchten.

Friedrich Wilhelm Nietzsche

Im Land der Zauberer und Hexen

Märchen sind Erzählungen, die von wundersamen Begebenheiten
berichten. Sie gehören zu einer sehr alten Textart, finden sich in allen
Kulturkreisen und wurden früher oft durch Erzählen weitergegeben.
Sie sind meist frei erfunden und ihre Handlung ist nicht an einen
speziellen Ort oder eine bestimmte Zeit gebunden. Sie sind allgemein
und zu jeder Zeit gültig, wobei jede Kultur ihre eigene Märchentradi-
tion hat, die in Deutschland besonders von den Märchen der Brüder
Grimm beeinflusst wurde. Typisch für Märchen sind phantastische
Erscheinungen: sprechende Tiere, Zauberer, Hexen, Elfen und Dra-
chen. Meist gibt es in einem Märchen gute und böse Mächte und
Helden mit übernatürlichen Kräften oder Zaubermittel, mit deren
Hilfe man das Böse besiegen kann.

Märchen leicht gemacht

Ein Märchen fängt oft an mit den Worten *Es war einmal* und endet
mit *und wenn sie nicht gestorben sind, so leben sie noch heute*. Anfang
und Ende sind also meist schon bekannt, wenn man sich an die
klassischen deutschen Märchen hält, und man selbst muss nur noch
die Sätze dazwischen schreiben. So leicht kann das Schreiben eines
Märchens sein. Denn für den Teil zwischen dem Anfangs- und dem
Schlusssatz braucht man in der Regel nur zwei bis vier Figuren, von

denen ein bis zwei gut sind und die anderen böse, einen Ort und eine Handlung. Das ist alles. Natürlich geht es auch ganz anders und am Anfang muss nicht immer *Es war einmal* stehen, so wie am Ende nicht immer *und wenn sie nicht gestorben sind* stehen muss, und es können in einem Märchen auch viel mehr als vier Personen vorkommen, aber um einen ersten Einstieg ins Märchenschreiben zu finden, kann man ja mal mit diesen Voraussetzungen anfangen. Um den Einstieg zu erleichtern, sind die Voraussetzungen, von denen die Rede war, bereits umgesetzt, so dass es nur noch darum geht, daraus ein eigenes Märchen zu machen.

Übungen 1–5

1. Übung: Die Müllerstochter

Es war einmal eine schöne Müllerstochter, die ein kleines Brüderchen hatte, das sie sehr liebte. Die Mutter der beiden war vor langer Zeit gestorben. Und weil die Müllersfamilie arm war, mussten die Kinder in der Mühle helfen. Außerdem musste das Mädchen das Haus sauber halten und kochen. Und weil das Leben sehr mühsam war, wäre es gerne weggelaufen, wenn es nur gewusst hätte, wohin. Da kam eines Tages ein blond gelockter Jüngling auf einem Schimmel zur Mühle geritten, verliebte sich in das Mädchen und plante ihre Entführung. Der Angebeteten erzählte er nichts von seinen Plänen, weil er Angst hatte, sie könnte sich durch ein ungeschicktes Wort verraten. Obwohl der Jüngling wusste, wie sehr das Mädchen ihren Bruder liebte, konnte er ihn nicht mitnehmen. Bis zu seiner Burg war es ein weiter Weg, und das Pferd konnte nicht drei Personen auf einmal tragen. In der Nacht der Entführung wartete der Jüngling bis es dunkel wurde und …

Beispiel 1
In der Nacht der Entführung wartete der Jüngling bis es dunkel wurde und … da er wusste, dass das Mädchen einen guten Schlaf hatte, nahm er eine Fackel und steckte das nahe gelegene Feld in Brand. Alle kamen gerannt und betrachteten das Spektakel. Nur das Mädchen schlief tief und fest weiter. Für den Jüngling war es jetzt ein Kinderspiel. Er holte das Mädchen und legte es sanft auf sein Pferd. Jetzt konnte er nur hoffen, dass das Mädchen nicht aufwachen würde, bis sie ankommen würden.

Vielleicht sollte man noch erwähnen, dass der Jüngling nicht einfach nur ein Jüngling war, sondern vielmehr der Sohn eines alten Zauberers. Er besaß zwar keine magischen Kräfte, aber sein Schloss war dennoch nicht ganz normal. Es gab fliegende Stühle und Tische und Zimmer, die sich selbst aufräumten, und eine Zauberkugel. So ritt der Jüngling mit dem schlafenden Mädchen in das Schloss, wo auch das Mädchen sich in den Jüngling verliebte und alles ein gutes Ende nahm, auch wenn das Mädchen mit dem Schloss zunächst ein paar Probleme hatte. Was aus dem Bruder wurde, weiß man nicht. Vielleicht kam eines Tages ja eine Prinzessin und verliebte sich in ihn. Und wenn sie nicht gestorben sind, dann leben sie noch heute.

(Tom, 11 Jahre)

2. Übung: Brüderlein und Schwesterlein

Es waren einmal zwei Geschwister, die mit ihren Eltern in der Nähe eines Waldes lebten. Sie waren so unzertrennlich, dass die Eltern es nicht übers Herz brachten, sie in der Schule in unterschiedliche Klassen zu schicken, so dass das Mädchen, das ein Jahr älter war als sein Bruder, erst ein Jahr später in die Schule ging. Nun geschah es, dass ein Junge in die Nachbarschaft zog, mit dem sich der Bruder schnell anfreundete. Und als die beiden Jungen eines Tages ohne das Mädchen in den Wald gingen, um am nahe gelegenen Fluss einen großen Staudamm zu bauen, folgte ihnen das Mädchen heimlich, versteckte sich hinter einem Baum und beobachtete die beiden Jungen. Da hörte sie plötzlich Zweige knacken und sah hinter den Jungen …

Beispiel 1
Da hörte sie plötzlich Zweige knacken und sah hinter den Jungen … einen ganz schwarz gekleideten Mann, der einen Korb in der Hand hielt. Das Mädchen versuchte, heimlich irgendwie in den Korb zu schauen, und sah ein bisschen etwas. Aber dieses kleine Bisschen, was sie sah, war schon genug. Sie wusste, was in dem Korb war, weil grüner Dampf aus dem Korb kam. Es waren Seelen. Seelen, die der Mann selbst gemacht hatte. Und also war er ein Mörder. Wahrscheinlich will er auch die beiden Jungs töten und ihre Seelen in den Korb stecken, dachte das Mädchen. Das konnte sie natürlich nicht zulassen. So schnell sie konnte, rannte sie nach Hause, holte ein Messer und ein großes, altes Buch. In dem Buch stand alles über Mörder und solche Sachen. Der Bruder hatte sich das Buch in der Bibliothek geliehen. Und jetzt kam es ihr genau richtig. Das Mädchen

rannte wieder in den Wald und hier von Baum zu Baum, damit der Mörder
sie nicht sah. Sie war ziemlich geschickt, und als sie an einer günstigen
Stelle stand, einen Baum vom Mörder entfernt, zielte sie mit dem Messer
auf den Mörder. Sie warf das Messer, das aber am Rücken des Mörders
abprallte und zu ihr zurückflog. Das Mädchen war verdutzt und nahm das
Messer, das glücklicherweise nur in dem Baum vor ihr stecken geblieben
war, wieder an sich. Sie durfte keine Zeit verlieren, weil der Mörder sein
eigenes Messer schon aus seinem Gürtel genommen hatte. Eilig nahm
sie das Buch und blätterte, bis sie die richtige Seite gefunden hatte.
Sie las, was dort geschrieben stand: »Mörder, die schwarz gekleidet
sind, sind sozusagen aus Gummi. Um sie zu töten, muss man genau das
Herz treffen. Der Rest des Körpers ist aus Gummi, so dass alle Waffen
daran abprallen.« Jetzt wusste das Mädchen, was zu tun war. Sie schlich
wieder von Baum zu Baum, bis sie den Mörder von vorne sah. Sie zielte
erneut und warf das Messer. Kurz stockte ihr der Atem. Treffer oder kein
Treffer? Dann hörte sie ein Stöhnen, und der Mörder war tot. Sie hatte
getroffen, alle Seelen waren frei, und die Menschen, die von ihm getötet
worden waren, lebten wieder. Aber das Allerwichtigste war, dass die
beiden Jungen lebten! Das Mädchen ging zu ihnen und sagte: »Bruder,
ihr wärt fast gestorben, aber ich habe euch gerettet. Kommt, wir gehen
nach Hause. Der Tag war anstrengend.« Und so gingen sie zusammen
nach Hause und lebten noch eine ziemlich lange Zeit.

(Alicia, 10 Jahre)

3. Übung: Eine Frau für den Vater

Es war einmal ein kleines Mädchen, das seine Mutter früh verloren
hatte und seither alleine mit seinem Vater in einem kleinen Haus
wohnte. Die Dorfbewohner hatten Mitleid mit dem Kind und hielten
Ausschau nach einer neuen Frau für den Vater, damit das Mädchen
wieder eine Mutter hätte. Das Mädchen wollte aber keine neue Mutter, und immer wenn eine Frau ins Haus kam, verhielt es sich ganz
hässlich. Wenn es etwas gefragt wurde, presste es die Lippen ganz
fest aufeinander und schüttelte den Kopf. Doch eines Tages kam
eine Frau, die der Mutter sehr ähnlich war und die das Mädchen
sofort herzlich gerne hatte. Die Frau richtete keine einzige Frage an
das Mädchen, sondern ließ es einfach in Ruhe, bis das Kind es nicht
mehr aushielt und …

Beispiel 1

Die Frau richtete keine einzige Frage an das Mädchen, sondern ließ es einfach in Ruhe, bis das Kind es nicht mehr aushielt und ... fragte, ob sie ihre Mutter gekannt habe. Die Frau lächelte sie an, dann kniete sie sich vor das Mädchen und antwortete:»Vielleicht, aber ich weiß, dass ich sie nicht ersetzen kann. Ich habe auch keine Mutter mehr. Dein Vater ist ein netter Mensch, aber es nützt nichts, wenn du mich nicht magst. Ich war genau wie du in deinem Alter. Ich weiß, wie du dich fühlst.« Die Frau stand mit dem gleichen Lächeln wieder auf und wendete sich ab. Als sie am Abend ging, zwinkerte sie dem Mädchen noch einmal zu. Das Mädchen durchzuckte ein flaues Gefühl. Sie dachte an die Worte der Frau: »Ich war genau wie du.« War es nun so gemeint oder hatte sie das nur zum Schmeicheln gesagt? Sie dachte den ganzen Abend darüber nach. Am nächsten Tag in der Schule wurde das Mädchen wieder gehänselt, von zwei Cheerleadern, die in dieselbe Klasse gingen und sich ganz toll fanden. Im Sportunterricht stellten sie ihr ein Bein, und sie musste sich auf eine Bank setzen. In der Trinkpause aber fühlte das Mädchen etwas in sich, das es noch nie gefühlt hatte, etwas, das ihm Stärke verlieh. Als sich die beiden Mädchen auf eine Bank setzten, krachte diese auf einmal zusammen. Am Nachmittag kam die geheimnisvolle Frau wieder, lächelte das Mädchen an und redete dann mit dem Vater des Mädchens. Das Mädchen jedoch versuchte, dieses Gefühl wieder zu bekommen ...

(Lukas, 11 Jahre)

4. Übung: Der Magier

Es war einmal ein Mann, von dem man sagte, er habe magische Kräfte. Angeblich konnte er sich an jeden Ort der Welt wünschen. Wie er das anstellte, war allerdings ein großes Geheimnis. Manche sprachen von geheimnisvollen Kräutern, die er in seiner Küche kochte und deren Zusammensetzung nur er kannte. Andere erzählten, dass in Wahrheit der schwarze Kater, der vor seinem Haus immer zu sehen war, die Ursache für seine geheimen Kräfte sei. Der Mann war ein wenig unheimlich, weil er immer schwarze Kleidung trug und mit niemandem redete außer mit seinem Kater. Und obwohl die Eltern Marie streng verboten hatten, in die Nähe des Hauses zu gehen, war sie einfach zu neugierig. Auf dem Heimweg von der Schule war sie schon des Öfteren am Haus vorbeigegangen, hatte den Mann aber noch nie gesehen. Eines Tages fiel in der Schule die letzte Stunde aus, so dass Marie ein wenig Zeit hatte, ohne dass sich die Mutter sorgen würde. Als sie an diesem Tag zu dem Haus kam, sah sie schon von weitem, dass der Mann im Garten war. Ihr Herz begann heftig zu pochen, und sie überlegte sogar umzukehren. Doch der Mann hatte sie schon gesehen. Obgleich er angeblich mit niemandem redete, rief er: »Ich kenne dich. Du bist doch die Marie. Komm mal her zu mir!« Und obwohl es Marie ein wenig unheimlich war, dass er ihren Namen kannte, war sie zugleich sehr neugierig und ging näher. Kaum, dass sie bei dem Mann angekommen war …

Beispiel 1

Kaum, dass sie bei dem Mann angekommen war … fiel ihr auf, dass der Mann leise die Lippen bewegte. Es wurde flimmerig um sie herum. Sie schrie, aber keiner hörte sie. Dann wurde alles um sie herum schwarz. Sie machte die Augen auf. Erst sah sie nichts, dann Konturen von Bäumen, und dann merkte sie, dass sie in einer Blumenwiese lag. Sie rieb sich die Augen, aber es war alles echt. Marie stand auf und sah in der Ferne eine kleine Hütte. Auf ebendiese lief sie zu. Da trat ein schwarz gekleideter Mann aus der Hütte. Sie erkannte ihn sofort: der Magier. Sie wollte wegrennen, da hob der Mann die Hand, und sie konnte sich nicht mehr bewegen. Der Magier trat auf sie zu. Endlich konnte sie ihre Glieder wieder bewegen. Sie sprach: »Was wollen Sie von mir?« Darauf der Magier: »Ich habe dich oft beobachtet, und du hast ziemlich starke Kräfte. Würdest du dich uns anschließen?« Marie: »Wer ist uns?« Da traten aus dem Wald ringsherum schwarze Gestalten. Marie: »Niemals!« Die schwarzen Menschen im Chor: »Doch, wir sind mächtig …« Da erklang ein Schrei, und ein silberner Falke mit einem weißen Mann auf dem Rücken landete in der Mitte des Kreises. Alle Schwarzen wichen zurück. Der weiße Mann trat auf Marie zu und sagte: »Steig auf den Falken und flieg nach Hause!« Das tat sie. Aber als der Falke abhob, sah sie, wie der weiße gegen die schwarzen Männer kämpfte. Dann wurde wieder alles schwarz. Sie wachte auf. Sie lag auf der Wiese neben dem Haus des Magiers und fragte sich, warum der Magier nicht da war. Sie ging nach Hause. Es war komisch, sie konnte sich an nichts erinnern. Was noch komischer war: dass der Magier nicht mehr da war.

(Alexander, 10 Jahre)

5. Übung: Peter und der Mann im Mond

Es war einmal ein kleiner Junge, der Peter hieß. Und weil er abends nie ins Bett gehen wollte, dachte sich seine Mutter Geschichten für ihn aus, die sie ihm vor dem Einschlafen erzählte. Eine, die sie immer wieder neu erzählte, war die Geschichte vom Mann im Mond. Peter glaubte der Mutter natürlich kein Wort, ein Mann im Mond, so ein

Unsinn. Und doch, wer wusste schon, ob es da oben im Mond, den Peter sehen konnte, wenn die Nächte klar waren, nicht wirklich einen Mann gab? Eines Nachts, die Eltern waren schon schlafen gegangen, stand Peter wieder auf und trat ans Fenster. Der Mond war in dieser Nacht besonders gut zu sehen, hell und rund leuchtete er am Himmel. Und Peter öffnete das Fenster, auch wenn es draußen ganz schön kalt war, und hörte aus der Richtung, in der der Mond zu sehen war …

Beispiel 1

Und Peter öffnete das Fenster, auch wenn es draußen ganz schön kalt war, und hörte aus der Richtung, in der der Mond zu sehen war … eine Stimme: »Peter, Peter, komm doch hoch, ich warte auf dich.« Peter dachte, dass er wohl nicht ganz bei Sinnen sei, ging zurück ins Bett und schlief. Am nächsten Morgen am Frühstückstisch überlegte Peter die ganze Zeit, ob es wahr war oder ob es unwahr war, ob er es geträumt hatte oder nicht. Da fragte die Mutter: »Peter, stimmt mit dir etwas nicht?« »Mama, ich habe darüber nachgedacht. Du hast Recht. Den Mann im Mond gibt es. Gestern hörte ich eine Stimme aus dem Mond, die sagte ›Peter, Peter, komm doch hoch, ich warte auf dich‹.« Da sagte der Vater verärgert: »Wendy, toll! Wegen einer doofen Geschichte ist Peter nicht mehr ganz bei Sinnen.« »Aber, aber«, stotterte die Mutter. »Nichts aber! Du erzählst keine Geschichten mehr!« Und zu Peter sagte er: »Es gibt den Mann im Mond nicht, guten Tag!« Der Vater stand auf und ging aus dem Haus. Peter nahm seinen Ranzen und ging zur Schule. Den ganzen Tag lang konnte Peter sich nicht konzentrieren. Er grübelte immer noch, aber dann fasste er sich ein Herz und ging auf den Fußballplatz und spielte mit den anderen. Am Abend ging Peter wieder ans Fenster und hörte erneut die Stimme: »Peter, Peter, komm hoch, ich warte darauf, ich möchte nicht so alleine sein.« Da kam eine Wolke. Die Stimme sagte: »Setz dich auf die Wolke, sie bringt dich zu mir.« Peter hatte Angst, aber er setzte sich auf die Wolke. Die Wolke flog und flog immer höher. Peter erbrach sich über den Rand der Wolke. Von unten schrie es: »Iiiiii, wer war das?« Peter musste lachen. Dann war er angekommen. Er befand sich vor dem Mond. Ein Junge kam und sagte: »Treten Sie ein.« Peter ging in das Schloss. Da saß ein Mann, der leuchtete wie ein Mond und sagte: »Na, endlich, Peter.« Peter fiel fast in Ohnmacht. Der Mann sagte: »Peter, ich bin der Opa von Max. Ich wollte dich nur holen, damit du mit Max spielst.« Dann kam ein anderer Mann herein: »Das ist mein Sohn. Meine Frau starb.« Peter stellte sich vor: »Ich bin Peter und würde gerne immer mit Max spielen, aber ich muss auch schlafen.« Der Mann: »Ich bin der Mann im Mond, und das ist mein Schloss. Ich heiße Fritz. Und

mit der Zeit ist es so: Dein Tag ist normal. Am Abend halten wir dann die
Zeit an. Du kommst und ihr spielt. Du gehst. Die Zeit läuft weiter, und
du kannst schlafen.« Peter war einverstanden, und so machten sie es
bis an ihr Lebensende. Und wenn sie nicht gestorben sind, dann leben
sie noch heute.

(Laura, 11 Jahre)

Bekannte Märchen fortschreiben

Man kann auch den Anfang eines bekannten Märchens nehmen und
dieses fortschreiben. Und weil du schon so viel geschrieben hast und
mittlerweile ein richtiger Schreibprofi bist, muss ich mich nicht lange
mit Vorreden aufhalten, sondern du kannst gleich aus den folgenden
Märchenanfängen auswählen und dein eigenes Märchen schreiben.
Vielleicht kennst du das eine oder andere Märchen und weißt, wie
es weitergeht, aber darum geht es in dieser Übung nicht. Denn du
sollst ja nur den Anfang des bekannten Märchens nehmen und dann
dein eigenes schreiben. Wenn es dich zu stark durcheinanderbringt,
dass du ein Märchen vielleicht schon kennst, nimm einfach einen
anderen Anfang.

Übungen 1–7

1. Übung: Der Froschkönig

In den alten Zeiten, wo das Wünschen noch geholfen hat, lebte ein
König, dessen Töchter waren alle schön, aber die jüngste war so
schön, dass die Sonne selber, die doch so vieles gesehen hat, sich
verwunderte, so oft sie ihr ins Gesicht schien. Nah bei dem Schlosse
des Königs lag ein großer dunkler Wald, und in dem Walde unter
einer alten Linde war ein Brunnen. Wenn nun der Tag recht heiß war,
ging das Königskind hinaus in den Wald und setzte sich an den Rand
des kühlen Brunnens. Und wenn sie Langeweile hatte, nahm sie eine
goldene Kugel, warf sie in die Höhe und fing sie wieder. Das war ihr
liebstes Spielwerk. Nun trug es sich einmal zu, dass die goldene Kugel
der Königstochter nicht in ihr Händchen fiel, das sie in die Höhe
gehalten hatte, sondern vorbei auf die Erde schlug und …

Beispiel 1
Nun trug es sich einmal zu, dass die goldene Kugel der Königstochter nicht in ihr Händchen fiel, das sie in die Höhe gehalten hatte, sondern vorbei auf die Erde schlug und ... zerbrach. Die Königstochter weinte erbitterte Tränen und lief weinend zum Hofschmied und fragte ihn, ob er sie nicht reparieren könne. Der Hofschmied versuchte es, konnte sie aber nur zu einer etwas eckigen Kugel zusammenschmieden. Als die Königstochter eines schönen Tages in den Wald ging, warf sie die Kugel so hoch, dass sie bis zum Brunnen flog und hineinfiel. Als sie wieder ins Schloss gehen wollte, hörte sie hinter sich eine Stimme. Die Königstochter drehte sich blitzschnell um und sah eine Nymphe aus dem Brunnen steigen. Die Nymphe trug eine Schriftrolle und sagte: »Ich bringe dir diese Schriftrolle vom Meeresgott Poseidon!« Die Königstochter öffnete die Schriftrolle und auf ihr stand: »Liebe Helena. Ich habe mich unsterblich in dich verliebt. Willst du meine Frau werden? Wenn ›Ja‹, dann komme mit meiner Botin zu mir. Wenn ›Nein‹, dann gehe zurück zu deiner Familie. PS: Deine goldene Kugel ist in meinen Palast gefallen.« Die Königstochter kam mit der Nymphe zu Poseidon und sprach: »Großer Gott Poseidon. Ich will deine Frau werden, aber ich bin eine Sterbliche, und du bist ein Gott. Geht das denn auch?« »Aber natürlich geht das«, antwortete Poseidon. Und wenn sie nicht gestorben sind, dann leben sie noch heute.

(Malte, 10 Jahre)

2. Übung: Die Goldkinder

Es waren ein armer Mann und eine arme Frau, die hatten nichts als eine kleine Hütte und nährten sich vom Fischfang, und es ging bei ihnen von Hand zu Mund. Es geschah aber, als der Mann eines Tages beim Wasser saß und sein Netz auswarf, dass er einen Fisch herauszog, der ganz golden war. Und als er den Fisch voll Verwunderung betrachtete, hub dieser an zu reden und sprach ...

Beispiel 1
Und als er den Fisch voll Verwunderung betrachtete, hub dieser an zu reden und sprach ... »Was schaust du so? Ich bin auch nur ein Fisch. Ja, ok, ich sehe ein bisschen anders aus als die anderen, aber ich schmecke mindestens genauso gut.« »Aber du kannst reden?«, sprach der Mann verwundert, »ich meine, soll ich dich jetzt wirklich essen?« »Ja, iss mich! Schneide mir ganz vorsichtig den Bauch auf und nimm die Innereien heraus. Du weißt ja, wie bei jedem anderen Fisch, den du zubereitest«, antwortete der Fisch. Also nahm der Mann den Fisch und zeigte ihn

seiner Frau. Die sagte: »So ein schöner Fisch, den sollen wir essen? Wollen wir ihn nicht viel lieber verkaufen?« »Nein, der Fisch sagte sogar, ich solle ihn zubereiten.« »Was, der Fisch hat geredet?«, unterbrach die Frau den Mann, »Museen und Forschungslabore würden Millionen dafür geben!« »Ja, Weib, denk nicht immer nur ans Geld. Geld gibt es so viel draußen in der weiten Welt. Einen goldenen Fisch, der spricht, sieht man hingegen nicht alle Tage. Vor allen Dingen, wenn der Fisch auch noch sagt, dass man ihn essen soll.« »Na gut, du hast Recht«, gab sich die Frau geschlagen, »wir werden den Fisch zubereiten und essen, wie er es gesagt hat.« Also nahm der Mann den Fisch, und während er so den Fisch nahm, dachte er darüber nach, was sein sehnlichster Wunsch war: zwei Kinder zu haben, die die Fischerhütte erhalten würden, und denen er vererben könnte, was er einst geerbt hatte … Während der Mann darüber nachdachte, wie schön das doch wäre, schnitt er dem Fisch den Bauch auf, und siehe da, aus dem Bauch des Fisches schlüpften zwei kleine Säuglinge, ein Junge und ein Mädchen. Mit Freudentränen in den Augen rannte der Mann, für sein hohes Alter beträchtlich schnell, zu seiner Frau und erzählte ihr alles. Die beiden Kinder hatten goldgelbe Haare und wurden deshalb von allen die Goldkinder genannt. Sie gründeten neben der Fischerhütte ein Dorf mit Schmied und Kapelle und lebten glücklich bis zum Ende.

(Emil, 11 Jahre)

3. Übung: Die zwei Brüder

Es waren einmal zwei Brüder, ein reicher und ein armer. Der reiche war ein Goldschmied und böse von Herzen. Der arme nährte sich davon, dass er Besen band, und war gut und redlich. Der arme hatte zwei Kinder. Das waren Zwillingsbrüder, und sie waren sich so ähnlich wie ein Tropfen Wasser dem anderen. Die zwei Knaben gingen ab und zu in das Haus des reichen Bruders und erhielten dort vom Abfall zu essen. Es trug sich zu, dass der arme Mann, als er in den Wald ging Reisig zu holen, einen Vogel sah, der ganz golden war und so schön, wie ihm noch niemals einer vor Augen gekommen war. Da hob er ein Steinchen auf, warf nach ihm und …

Beispiel 1
Da hob er ein Steinchen auf, warf nach ihm und … traf den Vogel. Der Vogel stürzte ab und starb direkt vor seinen Füßen. Er ging nach Hause, um den goldenen Vogel den Kindern zu zeigen. Kind: »Wow! Woher hast du den goldenen Vogel?« Vater: »Ich ging in den Wald, um Reisig zu

holen. Dann sah ich den goldenen Vogel und warf einen Stein nach ihm. Ich werde morgen zum Goldschmied gehen, um zu sehen, wie viel der Vogel wert ist.« Und am nächsten Morgen ging er mit seinen Söhnen zum Goldschmied. Vater: »Wie viel ist der Vogel wert?« Goldschmied: »Wow! Der Vogel ist aus purem Gold! Ich würde sagen, der ist zehntausend Euro wert!« Vater: »Ok! Zehntausend Euro!« Er nahm die zehntausend Euro und ging mit seinen Söhnen glücklich nach Hause. Am nächsten Morgen kaufte er sich ein Schloss und lud seinen Bruder zum Essen ein. Als sein Bruder kam, servierten die Diener das Essen. Der Bruder bekam den Müll, und er bekam das gute Fleisch. Die Wachen kamen und zwangen den Bruder, den Müll zu essen. Seitdem war der Bruder zu jedem nett.

(Puya, 11 Jahre)

4. Übung: Die sieben Raben

Ein Mann hatte sieben Söhne und immer noch kein Töchterchen, so sehr er sich's auch wünschte. Endlich gab ihm seine Frau wieder gute Hoffnung zu einem Kinde, und wie es zur Welt kam, war es ein Mädchen. Die Freude war groß, aber das Kind war schmächtig und klein und sollte wegen seiner Schwachheit die Nottaufe haben. Der Vater schickte einen der Knaben eilends zur Quelle, um das Taufwasser zu holen. Die andern sechs liefen mit und weil jeder der erste beim Schöpfen sein wollte, fiel ihnen der Krug in den Brunnen. Da standen sie und …

Beispiel 1

Da standen sie und … wollten vor Schock gar nichts machen. Da opferte sich der vierte der sechs Knaben und sprang in den Brunnen. Am Brunnen herrschte Schweigen. Plötzlich kam eine Hand mit einem Krug hervor, und einer der Brüder nahm den Krug. Doch dann fiel der vierte wieder in den Brunnen. Doch dieses Mal überlebte er es nicht, weil niemand sich darum kümmern wollte. Traurig und voller Schuldgefühle liefen die anderen zum Vater. Als einer ihm alles erzählt hatte, wusste der Vater, was geschehen war. Mit rot angelaufenem Gesicht schickte er alle für die Ewigkeit in ihr Zimmer, ohne es sich noch einmal anders zu überlegen. Einige dachten, dass die Strafe gerecht sei. Jeden Tag schmiss der Vater durch einen Schlitz in der Tür ein trockenes Brot. Ob der Boden, auf den das Brot fiel, dreckig war, interessierte ihn nicht. Und so lebten sie bis zu ihrem Lebensende.

(Ben, 10 Jahre)

5. Übung: Die drei Spinnerinnen

Es war ein Mädchen faul und wollte nicht spinnen, und die Mutter mochte sagen, was sie wollte, sie konnte es nicht dazu bringen. Endlich überkam die Mutter einmal Zorn und Ungeduld, dass sie ihm Schläge gab, worüber es laut zu weinen anfing. Nun fuhr gerade die Königin vorbei, und als sie das Weinen hörte, ließ sie anhalten, trat in das Haus und …

Beispiel 1

Nun fuhr gerade die Königin vorbei, und als sie das Weinen hörte, ließ sie anhalten, trat in das Haus und … sprach: »Warum weint dieses Mädchen? Was habt Ihr getan?« Die Mutter stammelte: »Sie denkt an ihren verstorbenen Vater. Es war tragisch, er ist an Krebs gestorben.« Doch das hörte das Mädchen und kam herbei und schluchzte: »Das stimmt gar nicht. Ich wollte nicht spinnen, deswegen hat sie mich geschlagen.« Da machte die Königin ihr ein Angebot: »Ich habe noch zwei Kinder gesehen, denen dasselbe passiert ist und habe sie mit in meinen Palast genommen. Dort lernen sie spinnen, und danach bringe ich sie wieder nach Hause. Soll ich das auch mit ihr machen? Dann müsst ihr sie nicht mehr schlagen.« Diese Chance ergriff die Mutter: »Na gut, aber wie lange dauert es denn, bis sie wiederkommt?« Die Königin ging mit dem Mädchen schweigend nach draußen. Erst da antwortete sie: »Fünf Wochen.« Dann fuhr sie mit dem Mädchen zu einem Bauernhof. Das Mädchen fragte verwundert: »Was soll ich hier? Wo ist der Palast?« Darauf die Königin: »Du bist zu eitel. Du wirst hier mit den anderen zwei Mädchen spinnen.« Sie führte sie in eine Scheune, in der die anderen zwei Mädchen waren. Sie arbeitete dort fünf Wochen, musste aus einem Bach trinken und ihr Essen selbst zubereiten. Als die Königin das Mädchen wieder bei ihrer Mutter abgab, fing sie an zu spinnen. Die Mutter war erstaunt: »Danke. Was wollt ihr dafür?« Die Königin stieg in ihre Kutsche und antwortete: »Tut anderen Leuten auch etwas Gutes.« Und dann fuhr sie fort. Und seitdem war die Familie nett zu anderen.

(Nils, 11 Jahre)

6. Übung: Die goldene Gans

Es war ein Mann, der hatte drei Söhne, davon hieß der jüngste der Dummling und wurde verachtet und verspottet und bei jeder Gelegenheit zurückgesetzt. Es geschah, dass der älteste in den Wald gehen wollte, Holz hauen, und ehe er ging, gab ihm noch seine Mutter einen schönen feinen Eierkuchen und eine Flasche Wein mit, damit er nicht Hunger und Durst litte. Als er in den Wald kam, begegnete ihm ein altes graues Männlein, das bot ihm einen guten Tag und sprach: »Gib mir doch ein Stück Kuchen aus deiner Tasche und lass mich einen Schluck von deinem Wein trinken, ich bin so hungrig und durstig.« Der kluge Sohn aber antwortete: »Gebe ich dir meinen Kuchen und meinen Wein, so habe ich selber nichts, packe dich deiner Wege.« Er ließ das Männlein stehen und ging fort. Als er nun anfing einen Baum zu behauen, dauerte es nicht lange und …

Beispiel 1

Als er nun anfing einen Baum zu behauen, dauerte es nicht lange und … er haute sich die Axt in das Bein. Er fiel um und schrie. Da kam der Mann herbei und sagte: »Hättest du mir etwas gegeben, wärst du noch am Leben.« Der schlaue Sohn starb erbärmlich. Am nächsten Tag ging der mittelschlaue Sohn in den Wald. Als er seinen toten Bruder fand, nahm er ihn und schleppte ihn weinend nach Hause. Die Mutter sah beide und schickte den mittleren Sohn in den Wald zum Holzhacken. Sie gab ihm Hochzeitstorte und »Sprite« mit. Den Toten vergrub sie. Der mittelschlaue Sohn begegnete dem Alten und sagte: »Willst du Sprite und Kuchen?« Der alte Mann aber sprang auf den Jungen zu und steckte ihm die Torte samt Sprite in den Mund. Der Junge kam dick und fett nach Hause und sagte: »Ich habe den Mann gesehen, der meinen Bruder getötet hat. Der Mann war hässlich und grau. Als ich ihm Torte anbot, sprang er auf mich zu und steckte sie mir in den Mund.« Die Mutter erwiderte: »Mit dir kann ich nichts anfangen. Geh fort und mach dich als Staudamm nützlich.« Und so ging der Junge fort. Da nur noch der dumme Junge da war, schickte die Mutter ihn zum Holzhacken. So traf der Junge mit seinem Wein den alten Mann. Der Junge sagte: »Hey, du farbloser Hippie. Hast du meinen Brüdern das Unheil angetan?« »Ja, das habe ich«, entgegnete der Mann. Der Sohn schrie: »Was sind Sie eigentlich? Kommunist?« »Nein, ich bin Teil einer Band Hippies!« »So sehen Sie auch aus. Grau und schwarz.« »Was dagegen?« »Nö.« Der alte Mann fragte: »Magst du Nirvana?« »Die Band?«, fragte der Junge. »Nein, das Jenseits … natürlich die Band.« »Ja, mag ich.« Der Junge holte seinen iPod mit Nirvana raus und fing an zu singen. Der Mann tanzte, verknackste sich den Fuß, fiel hin und starb am Boden, auf hübschen Gänseblümchen. Zum Vorschein kam eine goldene Gans. Der Junge setzte die Gans in sein gebasteltes Nest im Wald und wartete …

(Valentin, 11 Jahre)

7. Übung: Der Hund und der Sperling

Ein Schäferhund hatte keinen guten Herrn, sondern einen, der ihn Hunger leiden ließ. Wie er es nicht länger bei ihm aushalten konnte, ging er ganz traurig fort. Auf der Straße begegnete ihm ein Sperling, der sprach: »Bruder Hund, warum bist du so traurig?« Antwortete der Hund: »Ich bin hungrig und habe nichts zu fressen.« Da sprach der Sperling: »Lieber Bruder, komm mit in die Stadt, so will ich dich satt machen.« Also gingen sie zusammen in die Stadt, und als sie vor einen Fleischerladen kamen, sprach der Sperling zum Hund: »Da bleib stehen, ich will dir ein Stück Fleisch herunterpicken.« Er setzte sich auf den Laden, schaute sich um, ob ihn auch niemand bemerkte, und …

Beispiel 1

Er setzte sich auf den Laden, schaute sich um, ob ihn auch niemand bemerkte, und … flog in die Metzgerei. Der Metzger machte gerade Mittagspause, und so kam der Sperling in die Metzgerei, pickte etwas aus einer Wurst heraus und flog leise wieder hinaus. Zum Hund sagte er: »Hier, ich habe etwas mitgebracht.« Der Hund fragte: »Wo? Ich sehe nichts.« »Hier, in meinem Schnabel«, meinte der Sperling. »Das kleine Stück?«, fragte der Hund. »Das passt ja in den Mund eines Schmetterlings.« Der Sperling flog noch einmal in den Metzgerladen und versuchte, eine kleine Wurst mitzunehmen. Er schaffte es, aber er musste so schnell mit den Flügeln schlagen, dass der Metzgereileiter davon aufwachte. Der sah sich sofort um und entdeckte den Sperling, der in Panik hin und her flog. Der Hund konnte hören, was der Sperling gerade machte (er merkte auch, dass der Metzgereileiter ihn verfolgte), und er roch die Wurst, die der Sperling im Schnabel hielt. Mit offenem Maul sprang er an dem Fenster hoch, durch das der Sperling hineingeflogen war, und hatte den Sperling im Maul. Der Hund rannte mit dem Sperling im Maul aus der Stadt, in den Wald und spuckte den Sperling, samt der Wurst, die dieser noch im Schnabel hatte, wieder aus. Der Sperling gab dem Hund die Wurst, und der Schäferhund war wieder stärker und konnte im Wald jagen. Jeden Tag kam er mit einer Maus oder einem Hasen zurück und teilte seine Beute mit dem Sperling. Und wenn sie nicht gestorben sind, dann leben sie noch heute.

(Emil Vincent, 10 Jahre)

Märchenmischung

Eine weitere spannende Übung besteht darin, verschiedene Märchen
miteinander zu mischen und daraus ein neues Märchen zu schreiben.
Dafür kann man Figuren der Ausgangsmärchen zusammenbringen
oder Figuren eines Märchens an den Ort oder in die Handlung eines
anderen Märchens versetzen. Es gibt zahlreiche Kombinationsmög-
lichkeiten, und auch in diesen Übungen sind der Phantasie keine
Grenzen gesetzt. Natürlich kann man beliebig viele Märchen miteinander mischen, aber der Übersicht halber wollen wir es im Folgenden
mit jeweils zwei Märchen versuchen, weil schon dabei eine ganze
Menge Personen, Orte und Handlungen zusammenkommen. Für das
eigene, neue Märchen stehen immer alle Personen, Orte und Handlungen der ursprünglichen Märchen zur Verfügung. Um einen Überblick zu bekommen, kannst du dir vor dem Schreiben Listen anlegen,
eine Liste für die Personen, eine für die Handlungen und eine für
die Orte. In den Listen notierst du alles, was in den beiden Märchen
vorkommt. Dann kannst du einen Farbstift nehmen und die Dinge
unterstreichen, die du für dein eigenes Märchen verwenden willst.
Hast du deine Personen, Handlungen und Orte gewählt, überlegst
du, wie und an welchem Ort du die Personen zusammenbringst. Was
dann mit den Personen passiert, wie also die Handlung verläuft, ergibt
sich meist von alleine. Dabei ist es dir in den folgenden Übungen völlig freigestellt, wie viele Personen du aus den aufgeführten Märchen
nimmst. Außerdem kannst du Personen dazuerfinden, wenn du sie
für das eigene Märchen brauchst. Die Märchenmischung ist nur eine
Anregung und muss keineswegs in jedem Punkt befolgt werden. Auch
kannst du dir eigene Märchen aussuchen und mischen, entweder
welche, die du schon kennst, oder solche, die du neu liest. Dafür ist
es hilfreich, ein Märchenbuch zu haben, in dem man möglichst viel
liest. Aber weil es in erster Linie darum geht, selbst zu schreiben,
folgen hier wieder ein paar Übungen.

Übungen 1–3

1. *Übung: Dornröschen und König Drosselbart*

Dornröschen: In diesem Märchen hast du eine Königstochter, die von zwölf weisen Frauen mit guten Eigenschaften ausgestattet und von einer dreizehnten mit einem Fluch belegt wird. Dazu gibt es den König, die Königin, den Hofstaat und einen fremden Königssohn, der Dornröschen nach ihrem hundertjährigen Schlaf wachküsst und heiratet. Ein Schloss steht dir zur Verfügung und eine undurchdringliche Dornenhecke, die sich im Verlauf des Märchens in ein Blumenmeer verwandelt.

König Drosselbart: Dieses Märchen liefert dir eine hochmütige Königstochter, die alle Verehrer verschmäht. Zudem den Königsvater, zahlreiche Herzöge, Fürsten, Grafen und Edelleute, die der Königstochter den Hof machen. Und natürlich steht dir für deine Geschichte der König mit dem krumm gewachsenen Kinn zur Verfügung, den die böse Königstochter als Drosselbart verspottet. Außerdem gibt es einen Bettler, der unter dem Fenster der Königstochter singt und sie zur Frau bekommt. Es gibt ein Schloss, eine armselige Hütte, die dem Bettler gehört, und einen Marktplatz, auf dem die Königstochter Waren verkaufen muss.

Mischung: Wer weiß, vielleicht setzt du die böse Königstochter in die Dornenhecke oder machst aus ihr und der guten Königstochter Schwestern, die sich um einen fremden und schönen Königssohn streiten.

Beispiel 1: Dornröschen und König Drosselbart
Es war einmal eine Königstochter. Sie verschmähte alle ihre Verehrer. Irgendwann wurde es ihrer Mutter zu viel, und sie verfluchte die Königstochter damit, dass sie hundert Jahre in einem Schloss umgeben von einer Dornenhecke schlafen sollte. Als ihr Bruder, König Drosselbart, das schöne Dornröschen, das früher in dem Schloss gewohnt hatte, heiratete, kam ein Bettler an der Dornhecke vorbei. Er hatte bei der Hochzeit von den Leuten von der schon zehn Jahre schlafenden Königstochter gehört und war bis hierher gelaufen. Er war durstig und seine Füße waren wund. Plötzlich verwandelte sich die stachelige Hecke in ein weiches Blumenmeer und gab den Blick auf das Schloss frei. Der Bettler lief mit seinen wunden Füßen über den Blumenteppich, und sofort hörten sie auf zu schmerzen. Im Schlossgarten sah er einen Springbrunnen und

trank davon. Sofort hatte er keinen Durst mehr. Der Bettler betrat das Schloss. In einem der Räume erblickte er die schlafende Prinzessin. Er küsste sie, und sogleich wachte sie auf. Als sie ihrem Erlöser in die Augen blickte, wusste sie sofort, dass sie den Bettler heiraten würde. Zum großen Ärger der Mutter heirateten die beiden und lebten glücklich bis an ihr Lebensende.

(Giulia, 11 Jahre)

2. Übung: Der gestiefelte Kater und Aschenputtel

Der gestiefelte Kater: Im gestiefelten Kater gibt es einen alten Müller mit drei Söhnen. Einer der Söhne erbt das ganze Vermögen, als der alte Müller stirbt, der zweite bekommt einen Esel und der dritte einen Kater. Es gibt einen Zauberer, der in eine Maus verwandelt und vom Kater verspeist wird, und eine schöne Königstochter, die der ärmste Sohn, der den Kater bekommen hat, heiratet, nachdem er durch die List des Katers reich geworden ist.

Aschenputtel: Bei Aschenputtel gibt es einen reichen Kaufmann, seine Frau, die früh stirbt, und seine Tochter. Und weil der Kaufmann wieder heiratet, gibt es eine Stiefmutter und eine Stieftochter, welche beide die Kaufmannstochter hassen und für sich arbeiten und im Dreck der Asche schlafen lassen. Es gibt außerdem ein Schloss, auf dem ein König ein Fest gibt. Während die Stiefmutter und die Stieftochter auf dem Fest sind, muss Aschenputtel arbeiten. Aber sie kleidet sich heimlich schön an und geht ebenfalls auf das Fest. Auf dem Rückweg verliert sie ihren Schuh, durch den der Königssohn sie irgendwann findet, so dass sie heiraten können.

Mischung: Vielleicht besitzt Aschenputtel in deinem Märchen einen gestiefelten Kater, auf dem sie zu dem Fest reitet, oder ein gestiefelter Kater zerkratzt der bösen Stiefmutter das Gesicht, so dass sie nicht zu dem Fest gehen kann.

Beispiel 1: Der Kater mit dem Stöckelschuh und Aschenputtel
Es war einmal ein reicher Kaufmann, dessen Frau sehr früh starb. Er hatte drei Söhne und einen Kater. Der eine erbte die Stiefmutter, der andere den armen Müller und der letzte den König. Den Kater bekam Aschenputtel als Haustier. Es sollte ein großes Fest im Dreck und in der Asche geben. Alle waren eingeladen. Aber der Kater kratzte und biss dem König in die Nase, so dass dieser nicht auf die Party gehen konnte. Es war eine tolle Feier. Der alte Müller hatte sich schön angezogen. Aber

auf dem Rückweg verlor Aschenputtel ihren Stöckelschuh, den der Kater
verschluckte. Nach eineinhalb Jahren würgte er den Schuh wieder hoch,
der voller Spucke war. Wegen dieses Vorfalls bekam er auch den Namen
»Der Kater mit dem Stöckelschuh«. Alle Söhne leben glücklich und froh
mit ihren Erbstücken, außer dem König, der wegen des Katerangriffs auf
der Intensivstation ist.

(Jakob, 12 Jahre)

3. Übung: *Jorinde und Joringel und Hans im Glück*

Jorinde und Joringel: Das Mädchen Jorinde und der Junge Joringel
sind ein Liebespaar, das einem Schloss zu nahe kommt, das eine alte
Zauberin bewacht. Und weil es verboten ist, dem Schloss zu nahe zu
kommen, verwandelt die böse Zauberin das Mädchen Jorinde in eine
Nachtigall und vertreibt den Jungen Joringel, der fortan als Schäfer
in der Fremde leben muss. Als er jedoch von einer roten Blume mit
einer Perle in der Mitte träumt und diese auch noch findet, kann er
seine Freundin vom Fluch der Zauberin befreien und sie von einer
Nachtigall wieder in ein Mädchen verwandeln.

Hans im Glück: In diesem Märchen erhält ein Junge namens Hans
als Lohn für sieben Jahre harte Arbeit einen Klumpen Gold, den er
erst gegen ein Pferd, dann gegen eine Kuh, dann gegen ein Schwein
und schließlich gegen eine Gans eintauscht, die er wiederum für
einen Schleifstein hergibt, der ihm, als er in einem Brunnen trinken
will, hineinfällt. Obwohl er alles verloren hat, fühlt er sich von einer
großen Last, nämlich dem schweren Schleifstein, befreit.

Mischung: Vielleicht bekommen in deinem Märchen Jorinde und
Joringel den Klumpen Gold und wissen ihn besser zu nutzen als
Hans. Und Hans findet dafür vielleicht die rote Blume mit der Perle
und alles entwickelt sich ganz anders als in den beiden ursprünglichen Märchen.

Beispiel 1: Beste Freunde
Joringel und Hans waren die besten Freunde. Eines Tages suchten sie sich
eine Arbeit, weil ihnen langweilig war. Nach kurzer Zeit fanden sie einen
Handwerker, bei dem sie jeden Tag Schuhe schleifen mussten. Nach und
nach wurde es ihnen aber wieder langweilig, und sie flohen vor dem
Handwerker, dem sie eigentlich hätten Bescheid sagen müssen. Bevor
sie gingen, nahmen sie ihren Lohn mit, einen Klumpen Gold. Kurz darauf
trafen sie ein Mädchen, das sich als Jorinde vorstellte. Sie trug ebenfalls

einen Goldklumpen und fragte, ob sie mit ihnen laufen könne und wohin sie denn liefen. Joringel konnte nicht antworten, da er sich soeben in Jorinde verliebt hatte ... Hans, Joringel und Jorinde machten sich auf den Weg nach Westen, weil dort viele Wiesen waren und sie sich dort zu Abend niederlassen könnten. Nachdem sie eine ganze Weile gelaufen waren, wurde Jorinde sehr müde ... Sie tauschten in dem nächsten Dorf einen der Goldklumpen gegen ein Pferd, damit Jorinde auf dem Pferd reiten könne ... Als es dunkel wurde, sammelten sie Holz und machten Feuer, um sich zu wärmen. Hans wollte eigentlich noch einmal ins Dorf, um Brot zu tauschen, aber er kam nicht mehr vom Holzsammeln wieder, und so machten sich Jorinde und Joringel alleine auf den Weg zum Dorf. Sie holten Brot, machten es sich am Feuer gemütlich und gestanden sich, dass sie sich liebten. Am nächsten Morgen brachen sie wieder auf. Nun ging ihr Weg durch den Wald. Nachdem sie eine Lichtung überquert hatten, trafen sie auf ein riesengroßes Schloss. Sie dachten daran, einfach weiterzugehen, aber Hans hatte Joringel einmal von dem Schloss erzählt. Sie gingen einfach rein. Prompt drehte sich die Tür über eine Angel wieder zu. Als das Licht anging, sah Joringel Jorinde nicht mehr, nur noch eine weiße Eule, und er selbst war mit Lumpen bekleidet und saß auf einer Wiese, und um ihn herum saßen Schafe, und er hatte auch einen Hirtenstab in der Hand. Jorinde fand sich wieder in einem Käfig und beschloss, so lange zu warten und zu schlafen, bis sie wieder etwas anderes machen konnte. Hans war im Wald von Räubern gefangen und zum Glück auch wieder frei gelassen worden. Zurzeit schlief er und hatte einen merkwürdigen Traum von einer roten Blume. Als Hans wieder aufwachte, beschloss er, diese Blume zu suchen. Am nächsten Tag fand er die Blume, und in ihr war, wie in seinem Traum, eine Kugel. In dieser Kugel sah er eine Eule und unter ihr stand Jorinde, mehr konnte er nicht erkennen. Kurz darauf kam ein anderes Bild von einem Schäfer und unter ihm stand Joringel. Hans riss die Blume ab und rannte durch den Wald und zu einer Wiese. Dort sah er den Hirten und er roch an der Blume. Der Hirte wurde zurückverwandelt in Joringel und zusammen rannten sie in das Schloss, was gleich dahinter stand, und ließen die Eule an der Blume riechen. Kurze Zeit später stand Jorinde wieder da, und alle drei rannten aus dem Schloss und fingen von dieser Zeit an, ein Leben in einer Hütte zusammen zu leben.

(Julia, 11 Jahre)

Märchenlotterie

Eine andere Möglichkeit, ein eigenes Märchen zu schreiben, ist die Märchenlotterie. Dazu beschriftet man Zettel mit den Bestandteilen bekannter Märchen. Auf einem ersten Haufen sammelt man alle Zettel mit Personen aus den Märchen, also zum Beispiel: Hänsel, Gretel, Dornröschen, Aschenputtel, Frau Holle, Goldmarie und so weiter. Auf einem zweiten Haufen sammelt man alle Zettel mit Orten, an denen Märchen spielen, also Schlösser, Burgen, Wiesen, Wälder, Hexenhäuser und so weiter. Und auf einem dritten Haufen landen die in Kurzform notierten Handlungen, was ein bisschen schwieriger ist, weil man die Märchen dafür gut kennen muss. Aber bei den Handlungszetteln ist es auch erlaubt, nur Teile aus den Märchen zu notieren wie zum Beispiel: Königstochter küsst Frosch, Hexe fängt Hänsel und Gretel oder Rapunzel lässt ihr Haar herunter. Das ist dann natürlich nicht die ganze Geschichte, aber die soll ja auch nicht nacherzählt, sondern neu erzählt werden, so dass es nichts macht, wenn die Handlung nicht vollständig ist oder man sich vielleicht einmal irrt. Wenn du diese drei Haufen hast, ziehst du aus dem Personenhaufen drei, aus dem Haufen mit den Orten zwei und aus dem Handlungshaufen einen Zettel. Dann schreibst du Personen, Orte und Handlung auf ein Blatt Papier, denkst einen Augenblick nach und schreibst dein eigenes Märchen. Und weil man die Zettel immer wieder brauchen kann, verwahrst du sie am besten in Schachteln oder Dosen, die du beschriftest, damit du weißt, in welcher sich Personen, Orte und Handlungen befinden. Das ist wichtig, damit man alles immer schnell und ordentlich zur Hand hat, wenn man mal eben ein neues Märchen schreiben will oder Besuch von Freunden bekommt, die an der Märchenlotterie teilnehmen wollen, oder wenn man noch einen Programmpunkt für eine Geburtstagsfeier braucht oder die Lehrerin in der Schule überraschen will, indem man die Zettelhaufen in den Unterricht mitbringt und eine Märchenlotterie vorschlägt.

Beispiel 1: Der Hasenigel
Gezogene Personen: Hans, Hase, Froschkönig
Gezogene Orte: Schloss, Brunnen
Gezogene Handlung: Verwandlung

Eigenes Märchen: Eines schönen Sommertages ging Hans wie jeden Tag um die Mittagszeit zum Brunnen, um Wasser zu holen. Hans war der Küchenjunge, besser gesagt einer der Küchenjungen, auf Schloss Schönberg. Das Königspaar war heute sehr aufgeregt, denn ihr Schlosshase sollte Junge bekommen. Deshalb musste sich Hans mit dem Wasserholen beeilen, damit das Essen rechtzeitig fertig werden würde. Manche denken jetzt vielleicht, dass es nichts wirklich Besonderes ist, wenn ein Hase Junge bekommt, doch es wurde von der Seherin Gertrud Mathilde Hildegard von Schönberg prophezeit, dass der Hase sechs Junge bekommen würde, die irgendwie besonders seien. Nun ja, zurück zu Hans, der am Brunnen angekommen war. Er band den Wassereimer an einem Seil fest und ließ ihn hinunter. Als er ihn wieder hochgezogen hatte, bekam er einen riesigen Schreck. Ein kleiner Frosch mit einer Krone auf dem Kopf schwamm im Eimer herum! »Wer bist du?«, fragte Hans den Frosch erstaunt. »Ich bin der Froschkönig«, antwortete dieser. »Und warum, wenn ich fragen darf, hast du mich mit deinem hässlichen Eimer hochgezogen?« Hans meinte: »Ich wollte eigentlich nur Wasser holen, Herr Froschkönig. Doch nun habe ich Sie mit hochgezogen und weiß nicht, was ich mit Ihnen anstellen soll! Soll ich Sie vielleicht einfach wieder runterplumpsen lassen?« »Also wirklich, was glauben Sie denn, wer Sie sind?!!«, rief der Froschkönig empört. »Na ja, ich jedenfalls muss mich jetzt schleunigst beeilen! Also, Sie haben die Wahl: Entweder Sie bleiben hier oder Sie kommen mit in die Küche«, sagte Hans. »Na, dann bleib ich lieber hier. In der Küche werde ich ja nur umgebracht!« Als Hans wieder in der Küche ankam, schrie ihn der Küchenchef an: »Na, du bist aber schnell gewesen!« Als Hans ihm sagte, dass ein kleiner Froschkönig ihn aufgehalten hätte, meinte der Koch nur: »Verrückt, dieser Junge! Wie er bloß so viel Glück haben konnte!?!« Dann hörten sie die Fanfaren auf dem Burghof. »Los, kommt! Wir wollen uns die Hasengeburt doch nicht entgehen lassen, oder?« »Natürlich nicht!«, riefen alle Küchenmitglieder im Chor, »das Essen hat noch Zeit!« Alles war still. Man hätte eine Stecknadel fallen hören können. Direkt am Hasenstall standen der König und die Königin. Hinter ihnen waren alle Diener, Küchenleute etc. aufgereiht. Plötzlich hörte man einen schrillen Schrei von der Königin. Der König rief: »Die Jungen kommen! Die Jungen kommen!« Alles jubelte. Doch als die Königin erneut aufschrie, war alles wieder totenstill. »Es sind gar keine Hasen! Es sind Igeljunge!«, kreischte die Königin. Ein Murmeln ging durch die Menge. Alle sagten so etwas wie: »Was ist denn nun los? Spinnt die Königin?« Sieben Igeljunge wurden geboren. Hans bekam den Auftrag, sich um sie zu kümmern. Er nahm sie, legte sie in einen Korb und ging mit ihnen zum Brunnen. Er wusste nicht, warum er sich ausgerechnet für den Brunnen entschieden hatte, doch er wusste, dass es richtig war. Als Hans mit den kleinen Igeln am Brunnen ankam, sprang plötzlich ein

Igeljunges in die Höhe, und der Brunnen leuchtete hell auf. Dann wurde er von Nebel umhüllt, und Hans sah, als der Nebel sich wieder verzogen hatte, dass er am Rande eines Tümpels stand. Er drehte sich um und sah, wie ein Igeljunges nach dem anderen sich in einen Raben verwandelte. Als sich alle verwandelt hatten, rannte Hans zum Schloss. Als er das, was er erlebt hatte, dem Königspaar erzählte, meinte der König: »Du bist verrückt! Wahrscheinlich hattest du einen Tagtraum.« Doch als der König noch einmal sicherheitshalber zum Brunnen runterblickte, sah er dort einen Tümpel, und am Rand des Tümpels saßen sieben Raben, der Schlosshase und ein Froschkönig. »Oh, mein Gott! Ich bin auch verrückt geworden!«, rief er.

(Jadwiga, 12 Jahre)

Beispiel 2: Die verrückteste und wahrscheinlich einzige Märchen-WG
Gezogene Personen: böser Wolf, tapferes Schneiderlein, Pechmarie
Gezogene Orte: Armenhaus, See
Gezogene Handlung: Zusammenleben
Eigenes Märchen: Es war einmal ein Armenhaus, welches an einem See stand. Dort lebten der böse Wolf, die Pechmarie und das tapfere Schneiderlein. Na ja, eigentlich war es gar kein Armenhaus, sondern eine WG. Wenn ihr es genau wissen wollt, eine Märchen-WG. Die Situation dieser WG war kompliziert, aber ich versuche sie kurz und schmerzlos zu schildern. Also, das ist so, ähm, ja, manchmal verbünden sich Pechmarie und der Wolf ...
Wolf: »Du hast böse vergessen!«
Na gut, dann eben: Pechmarie und der böse Wolf gegen das Schneiderlein ...
Schneider: »Wie oft denn noch? ... gegen das tapfere Schneiderlein!«
Erzähler: »Leute! Ich bin hier der Erzähler also seid still!«
... und manchmal streiten sich Pechmarie und der Wolf um die Freundschaft des Schneiderleins.
Wolf: »Böse!«
Schneider: »Tapfer!«
Erzähler: »Ich kündige!!!«
Wolf: »Und was wird jetzt aus unserer Geschichte?«
Schneider: »Und meine Karriere?!«
Pechmarie: »Wir bewerben uns einfach bei ›Gute Zwerge, schlechte Zwerge‹!«
Wolf und Schneider: »Ok!«

(Nele, 12 Jahre)

Beispiel 3: Die Wassernixe, der Trommler und die weiße Schlange
Gezogene Personen: Wassernixe, weiße Schlange, Trommler
Gezogene Orte: Meer, Himmel
Gezogene Handlung: Schneider schafft sieben auf einen Streich
Eigenes Märchen: Es war einmal vor kurzer Zeit, da lernten sich eine
Wassernixe und ein Trommler auf einem Konzert kennen, das auf dem
Meeresgrund stattfand. Er war in einem Taucheranzug, in dessen Helm
ein Mikrofon eingebaut war. Sie freundeten sich an. Nach einem Jahr
und etlichen Tauchkursen wurde der Trommler ein richtig guter Taucher.
Irgendwie hatte er ein Talent dafür. Eines Tages begegneten sie einer
weißen Schlange, die sich recht friedlich verhielt. Sie schwamm einfach
so herum und knabberte Algen an. Doch dann gerieten die Wassernixe
und der Trommler in einen Schwarm weißer Schlangen, und die Nixe
bekam Angst. Der Trommler wollte sie retten und holte mit seinem Stick
(Schlagzeugstock) aus und erlegte sieben auf einen Streich, was ihn an
den Schneider aus irgendeinem Kindermärchen erinnerte. Darauf wurde
die friedliche Schlange, die um einiges größer war als die anderen, böse
und verschlang die beiden. Da diese größere Schlange schon ziemlich
alt war, starb sie im nächsten Jahr. Sie kam auch in den Himmel, was
ziemlich komisch war. Sie musste sich irgendwie durch die Passkontrolle
geschmuggelt haben ...

(Lars, 12 Jahre)

Beispiel 4: Das kleine Teufeli
Gezogene Personen: Teufel, Großmutter, Flaschengeist
Gezogene Orte: Land, Dorf
Gezogene Handlung: Doktor Allwissend macht gesund
Eigenes Märchen: Es war einmal ein sehr kleiner Teufel, der gerade ein-
mal einen halben Meter groß war. Er war ständig krank. Da ging seine
Großmutter, die drei Meter groß war, mit ihm zum Doktor Allwissend,
der wie gesagt alles wusste und auf dem Land wohnte. Einmal hatte er
schon gesagt, dass sie in das Dorf »Windhausen« ziehen sollten, und die
Großmutter war bereitwillig mit dem Teufel nach Windhausen gezogen.
Seitdem war der kleine Teufel schon zwei Jahre lang gesund geblieben.
Doch zu diesem Zeitpunkt krümmte er sich vor Schmerzen und leuchtete
hellrot, statt dem normalen satten, matten dunkelrot. Die Großmutter trat
zuerst in die Praxis, da sie meinte: »Wer weiß, vielleicht ist die Krankheit
ansteckend, wir wollen ja nicht, dass sich einer ansteckt.« ...

(Hanna, 11 Jahre)

Beispiel 5: Die Wolke im Glas
Gezogene Personen: Glasgeist, Rotkäppchen, Riese, Räuber
Gezogene Orte: Wald, Stadt

Gezogene Handlung: Flaschengeist wird befreit

Eigenes Märchen: Es war einmal, na ja, genauer gesagt war es gestern, ein Mädchen, das zehn Jahre alt war. Dieses hatte fürchterliche Bauchschmerzen und lag schon seit über einer Woche im Bett, so auch an diesem Tag. Als ihre Mutter hereinkam, ging es ihr mal wieder besonders schlecht, also sagte die Mutter: »Ruh dich lieber mal ein bisschen aus, anstatt dauernd in dem Märchenbuch zu lesen.« Dies tat das Mädchen, und da war es auch schon eingeschlafen. Sie stand auf, hatte keine Bauchschmerzen mehr, fühlte sich einfach wieder pudelwohl. Doch da sah sie etwas kleines Rundes. Bei näherem Hinsehen erkannte man, dass es ein Glas war. Aber was war darin? Es sah aus wie ein Stück Wolke, was da in dem Glas rumschwirrte. »Hey, lass mich sofort hier raus!«, kam es aus dem Glas. Sie erschrak. Aus Reflex warf sie das Glas auf den Boden. »Ich bin frei, frei, frei. Endlich, fünftausend Jahre, Jahre, Jahre«, freute sich die Wolke. »Wer bist du?«, fragte das Mädchen. Die Wolke ärgerte sich: »Fünftausend Jahre war ich in diesem Ding gefangen, gefangen, gefangen und die erste Frage die du mir stellst ist ›Wer bist du?‹.« »Tut mir leid!«, entschuldigte sie sich, »also ich bin Marie. Sagst du mir jetzt auch, wer du bist?« »Na ja, ok, ich bin Alfred Georg Gerhard Werner Wolfram Wolfgang Emil Otto der Große, ich bin Glasgeist.« »Gehen wir raus?«, fragte Marie. »Ich bin dabei«, antwortete der Geist. So gingen beide raus. Eigentlich lebte Marie in einer Stadt, doch auf einmal war vor ihrem Haus ein Wald. Als sie sich fertig gewundert hatte, zog sie ihre rote Mütze an, da sie immer Angst hatte, dass ihr im Wald etwas auf den Kopf fallen könnte. Kaum waren sie draußen, begegneten sie einem Kind, das behauptete, es sei ein Riese, und dabei nicht einmal so groß wie Marie war. Marie fragte: »Bist du nicht etwas zu klein für einen Riesen?« »Nein, bin ich nicht, und außerdem wachse ich noch!«, rief das Kind. Marie glaubte es immer noch nicht, aber sie wollte keinen unnötigen Ärger, also fragte sie lieber: »Willst du mitkommen? Wir gehen spazieren.« »Oh ja«, antwortete das Kind. So waren sie schon drei. Sie gingen eine Weile, als sie einem Mann begegneten, der sehr lustig aussah, denn er hatte einen spitz zulaufenden Hut auf. Doch plötzlich zog er eine Pistole und zielte auf die drei Gefährten. Er rief: »Füße hoch oder ich schieße!« »Das ist aber nicht sehr nett«, entgegnete der Geist. »Findet ihr?«, fragte der Räuber. »Ja, allerdings«, sagte der Riese, der gar keiner war. »Darf ich wenigstens mit euch gehen?« Die drei berieten sich und kamen zu dem Entschluss, dass er dürfe. So hatte Marie drei neue Freunde gefunden, einen Glasgeist, einen Riesen, der keiner war, und einen Räuber. »Aufwachen!«, rief die Mutter, und Marie schlug die Augen auf.

(Julia, 12 Jahre)

Beispiel 6: Ein Abenteuer wartet
Gezogene Personen: eiserner Heinrich, sieben Geißlein, Däumling
Gezogene Orte: Straße, Acker
Gezogene Handlung: Rumpelstilzchen tanzt
Eigenes Märchen: Vor einigen Jahren ging ein Däumling auf einen Acker,
um sich mit dem eisernen Heinrich zu treffen. Die beiden waren alte
Freunde. Nachdem sie sich begrüßt hatten, kamen plötzlich sieben Geißlein angerannt. Sie waren total aufgeregt, als der eiserne Heinrich sie
fragte, was denn los sei. »Wir haben Rumpelstilzchen auf der Straße tanzen gesehen!«, rief ein Geißlein. Nun fragte der Däumling: »Was ist denn
so besonders daran? Viele Leute tanzen auf den Straßen.« Da rief ein
anderes Geißlein: »Ja, weißt du denn nicht, dass Rumpelstilzchen, seit
die Königin seinen Namen rausgefunden hat, nie mehr gesehen wurde?
Uns erwartet wahrscheinlich ein Abenteuer! Willst du mit deinem Freund
mit uns das Abenteuer suchen?« »Und ob!«, rief der eiserne Heinrich
und wollte schon losrennen, um den König zu bitten, ihm für einige Tage
freizugeben. Da blieb er plötzlich stehen und sah den Däumling fragend
an. »Willst du mitkommen, um deine Eltern zu fragen, ob du mitdarfst?«
»Schon, aber wer beschützt dann die sieben Geißlein? Sie sind doch
schutzlos, wenn ich nicht bleibe. Schließlich hatte sich ja schon der Wolf
an ihnen vergriffen.« »Du vor allem kannst uns beschützen!«, lachten
die Geißlein, »dazu bist du doch viel zu klein!« Der Däumling aber antwortete: »Ich bin klein, aber nicht dumm!« Da verstummten die Geißlein,
und der eiserne Heinrich schlug schließlich vor, dass sie die Geißlein
mitnehmen sollten, und so gingen sie zu neunt auf Abenteuersuche.

(Sofia, 12 Jahre)

Verdrehen von Märchen

Man kann auch neue Märchen herstellen, indem man einzelne Dinge
aus bekannten Märchen verdreht. Dann wird aus Rotkäppchen zum
Beispiel Blaukäppchen, aus dem bösen der gute Wolf, aus den sieben
Geißlein werden sieben Hunde und so weiter. Oder man tauscht
die Orte aus, so dass Rotkäppchen nicht mehr in den Wald geht,
sondern in den Supermarkt und nicht ihre Großmutter besucht,
sondern ihre Tante in Amerika, wozu sie natürlich fliegen muss,
wobei jede Menge passieren kann. Je mehr Elemente man verdreht,
umso eigener wird das neue Märchen. Und weil man ja nicht immer
alle Märchen im Kopf hat und vielleicht gerade kein Märchenbuch

zur Hand, werden in den folgenden Übungen vier Märchen in der Kurzfassung vorgestellt. Zudem gibt es eine kleine Anregung zum Verdrehen, die aber nicht verwendet werden muss. Stellt sich nach dem Lesen des Kurzmärchens augenblicklich eine eigene Idee ein, muss man die Anregung zum Verdrehen nicht einmal lesen, sondern sollte unbedingt sofort mit dem Schreiben des eigenen Märchens anfangen.

Übungen 1–4

1. Übung: Rotkäppchen

Kurzfassung: Ein kleines Mädchen mit einer roten Kappe wird von ihrer Mutter mit einem Korb Essen zur kranken Großmutter geschickt. Im Wald, durch den das Mädchen nicht hätte gehen dürfen, horcht ein böser Wolf sie aus, schleicht sich schneller als sie zur Großmutter, frisst diese, legt sich als Großmutter verkleidet ins Bett und frisst dann Rotkäppchen. Rotkäppchen und die Großmutter werden von einem Jäger aus dem Bauch des Wolfes befreit, und der Jäger näht dem Wolf stattdessen Steine in den Bauch, so dass dieser stirbt.

Verdrehung: Aus Rotkäppchen wird Blaukäppchen, ein Junge mit einem blauen Motorradhelm. Aus der Großmutter wird die Freundin des Jungen und aus dem Jäger ein Polizist.

Beispiel 1: Der Unfall
Blaukäppchen, der Junge mit dem blauen Motorradhelm, fuhr jeden Morgen mit seinem blitzblanken Motorrad zu seiner Freundin, die in einem kleinen Holzhaus am Rand des Waldes wohnte. Da sie so verliebt waren, rief sie ihn an und fragte: »Schätzchen, wann kommst du denn endlich?« In dem Moment kam ein Polizeiwagen um die Ecke gerast und schnitt Blaukäppchen den Weg ab. Er ließ vor Schreck sein Handy fallen und fuhr mit vollem Karacho in den Wagen. Seine Freundin, die den Knall durch das Handy gehört hatte, rief: »Blaukäppchen, mein Schatz, ist alles in Ordnung?« Blaukäppchen konnte das natürlich nicht mehr hören, er lag nämlich stöhnend und mit höllischen Schmerzen auf der anderen Seite des Polizeiwagens. Da seine Freundin sich so sorgte, machte sie sich auf den Weg zur Polizei. Nach etwa einer Stunde war sie erschöpft und setzte sich auf eine Lichtung. Da hörte sie Schritte. Sie sah einen Wolf,

der sein Maul aufriss. Sie nahm einen Stein. Der Wolf schnappte nach ihr, und sie schlug ihm mit dem Stein ins Gesicht. Er ließ sie los und verschwand in den tiefen Wald. Nun lief das Mädchen voller Angst, noch einmal gebissen zu werden, zur Polizeistelle. Als sie dort ankam, war der Unfall schon gemeldet, und der Polizist, Herr Jäger, sagte: »Sie können Ihren Freund Blaukäppchen besuchen. Er liegt im Krankenhaus direkt nebenan, Zimmer 567. Aber erst einmal erzählen Sie mir, was mit Ihnen passiert ist.« Blaukäppchens Freundin erzählte die ganze Geschichte. Daraufhin sagte der Herr Jäger: »Den Wolf schnappen wir! Erst bringe ich Sie zu Ihrem Freund, und dann fahre ich mit meinem Kollegen in den Wald und schnappe den Wolf. Er hat bestimmt eine Kopfverletzung und ist leicht wiederzuerkennen.« Gesagt, getan. Sie gingen zu Blaukäppchen, dem es wieder einigermaßen gut ging und der nur noch zur Untersuchung im Krankenhaus bleiben musste. Die Polizisten fingen den Wolf und stopften ihn mit Steinen voll. Blaukäppchen und seine Freundin führten ein schönes Leben und hatten einige Jahre später viele kleine Kinder.

(Hanna, 11 Jahre)

2. Übung: Der Löwe und der Frosch

Kurzfassung: Der Sohn und die Tochter eines Königspaares lieben sich sehr. Als der Sohn eines Tages von der Jagd nicht zurückkommt, sucht ihn die Tochter und begegnet einem Löwen, der sie durch eine Höhle in einen Garten führt. Dort muss das Mädchen dem Löwen dienen, um auf diese Weise ihren Bruder freizukaufen. Als sie eines Tages traurig im Garten umhergeht, trifft sie einen Laubfrosch, der ihr helfen will. Und als der Löwe einen Mückenkuchen verlangt, bäckt der Frosch einen. Als der Löwe dann schließlich satt und zufrieden schläft, schlägt das Mädchen ihm den Kopf ab. Als sie das macht, sind ihr Bruder und dessen Geliebte, die zum Frosch verhext war, von dem bösen Zauber befreit.

Verdrehung: Im neuen Märchen wird aus dem Löwen ein Hamster und aus dem Frosch ein Krokodil.

Beispiel 1: Der Hamster und das Krokodil
Es war einmal ein Prinz. Er hieß Bergond und liebte seine Schwester sehr. Als Bergond eines Tages nicht von der Jagd zurückkam, wurde er von seiner Schwester gesucht. Als sie ihn nicht fand, ging sie verzweifelt in den Garten. Plötzlich stolperte sie über eine Wurzel und fiel in den Gartenteich, der so groß wie ein richtiger See war. Sie spürte, wie ihre Kleider sich mit Wasser vollsogen und immer schwerer wurden. Bergonds Schwester ging immer weiter unter. Dann spürte sie nichts mehr. Sie sah

nur noch, wie eine dunkle Gestalt auf sie zuraste. »Vielleicht ist es ein
Fisch«, dachte sie und fiel in Ohnmacht. Ihr Kopf schlug hart auf einen
spitzen Stein, und das Wasser färbte sich ein bisschen rot. Die dunkle
Gestalt nahm sie auf den Rücken und schwamm in Richtung Wasser-
oberfläche. Viele Stunden später erwachte sie auf der Wiese im Garten.
Neben ihr war ein Hamster, der eine rote Reiterrüstung trug. Auf den Har-
nisch war eine goldene Lilie gemalt. Er war mit einem Zweihandschwert
gegürtet und trug auf dem Rücken ein rotes Schild. Auf dem Schild war
ebenfalls eine goldene Lilie abgebildet. Der Hamster war unnatürlich
groß. Ungefähr so groß wie ein fünfzehnjähriges Kind. Plötzlich sagte
der Hamster, dass er Morag heiße und König des Koboldberges sei. Dann
sagte er: »Ich befehle dir, dass du mit mir kommst. Ich ha-ha habe ha-ha
deinen Bruder ha-ha in meinem Berg gefangen genommen Huaa-ha-ha!!!«
Das Mädchen brach in Tränen aus und fiel noch einmal in Ohnmacht.
Später wachte es auf einem großen Pferd auf. Sie ritten gerade durch
eine dunkle Höhle. Die Höhle war zwar mit Fackeln beleuchtet, aber
es war trotzdem sehr dunkel. Das Mädchen drehte sich um und sah
einen schönen Garten. Es war nicht der Garten ihrer Eltern, das merkte
sie. Überall standen Wachen herum und das Mädchen sah nicht weit
entfernt einen hohen Berg. Dort war wahrscheinlich der Bruder gefangen.
Plötzlich kam eine der Wachen angelaufen und sagte ihrem Bewacher
(der König war schon im Berg), dass ein blonder Krieger namens Bergond
den bösen König vom Koboldberg ermordet habe. Alle waren froh, denn
der König war sehr brutal und ungerecht gewesen. Sie und ihr Bruder
Bergond gründeten einen Hofstaat und lebten froh und munter. Und
wenn sie nicht gestorben sind, leben sie noch heute.

(Joshua, 12 Jahre)

3. Übung: Der Wolf und die sieben jungen Geißlein

Kurzfassung: Mutter Ziege verlässt das Haus und sagt ihren sieben
Geißlein, dass sie während ihrer Abwesenheit niemanden ins Haus
lassen sollen. Kurz danach kommt der böse Wolf. Die Geißlein
erkennen ihn aber an der Stimme und lassen ihn nicht ins Haus.
Um die Geißlein zu täuschen, frisst der Wolf Kreide und bittet mit
heller Stimme erneut um Einlass. Da er aber eine schwarze Pfote
auf das Fensterbrett legt, erkennen die Geißlein ihn auch dieses Mal
und lassen ihn wieder nicht hinein. Beim nächsten Mal bestäubt
der Wolf seine Pfote mit Mehl, wird endlich eingelassen und frisst
sechs der sieben Geißlein. Das siebte Geißlein versteckt sich in der
Standuhr und erzählt der Mutter, als diese zurückkommt, dass der
Wolf die anderen Geißlein gefressen hat. Und da der Wolf noch auf

der Wiese liegt und schläft, schneidet die Ziege ihm den Bauch auf, holt die Geißlein heraus und näht Steine hinein. Und als der Wolf am Brunnen trinken will, ziehen ihn die Steine hinein und er stirbt.

Verdrehung: Aus den Ziegen werden Hunde, aus dem Wolf wird eine Katze und alle zusammen sind in einem Tierheim.

Beispiel 1: Die sieben Bäuche

»Ahhh! Holt mich hier raus.« Ich befinde mich gerade in einem von sieben Bäuchen. Diese Bäuche gehören sieben hungrigen Hunden. Beziehungsweise sechs hungrigen Hunden, denn einer hat mich ja schon aufgefressen. Wahrscheinlich sollte ich euch erst mal erzählen, wie ich in diesen Bauch gekommen bin. Aber das ist eine lange Geschichte. Also es war so: Meine Mama ließ mich heute Nachmittag alleine und sagte mir, ich solle nicht länger als vier Stunden Computer spielen. Ich bin gerne alleine, also gehöre nicht zu den Kindern, die, nachdem ihre Eltern aus dem Haus sind, sie anrufen und sagen, dass sie Angst haben. Meine Mutter ging auf ein Konzert der Rockband »Kazifroh«. Sie schlich sich aus dem Tierheim, in dem wir lebten (dort lebten übrigens auch die sieben Hündchen). Ich setzte mich also in die Ecke meines Käfigs und spielte Computer, als eines dieser Hündchen auf mich zukam. Es fragte mich, ob ich Lust hätte, mit ihm und seinen Brüdern in ihrem Käfig Schach zu spielen. Ich hätte darauf kommen müssen, dass man Schach nur zu zweit spielen kann und es sieben Hunde und eine Katze waren. Jedenfalls nahmen sie mich mit in ihren Käfig. Als ich mit den sieben Hunden im Käfig war, erinnerte ich mich, dass man Schach nur zu zweit spielen kann. Ich bemerkte auch, dass irgendwas an diesen Hündchen faul war. Deswegen versuchte ich, aus dem Käfig zu springen. Doch da schlug schon eines der Hündchen die Käfigtür zu. Dann fesselten sie mich an eine der Stangen, die im Käfig standen, und spielten Schach darum, wer mich fressen dürfe. Ich durfte nicht mal mitspielen. Das Hündchen, in dessen Bauch ich mich jetzt befinde, hat jedenfalls gewonnen. Jetzt sitze ich hier und warte auf mein bitteres Ende. Na ja wartet mal, »Ende«, da fällt mir ein, dass ich ja ein Taschenmesser in meiner Hosentasche habe. Jetzt schlitze ich dem Hündchen den Bauch auf. Ahhh, da kommt eine Tierpflegerin rein. Das gibt Ärger. Jetzt steckt diese Tierpflegerin mich in eine winzige Zelle und ratet mal, wer in dieser Zelle sitzt? Meine Mama. Und wenn die Hündchen ermordet wurden (hoffentlich), verwesen sie jetzt wahrscheinlich auf der Rückbank eines 3er BMWs.

(Jan, 12 Jahre)

4. Übung: Rapunzel

Kurzfassung: Weil Rapunzels Mutter in der Schwangerschaft immer
Feldsalat, der auch als Rapunzel bezeichnet wird, essen will, die
Familie aber arm ist, muss der Vater den Salat auf dem Feld stehlen.
Dabei wird er von einer Zauberin erwischt, die für den Diebstahl
das Kind von ihm fordert, sobald dieses geboren ist. Die Zauberin
bekommt das Kind und sperrt es in einen hohen Turm, in den man
nur hineinkommt, wenn Rapunzel ihr langes Haar herunterlässt. Ein
Königssohn sieht Rapunzel, verliebt sich in sie und sagt die Formel:
»Rapunzel, Rapunzel, lass dein Haar herunter.« Als die böse Zauberin weg ist, klettert er an Rapunzels Haar in den Turm. Als die
Zauberin davon erfährt, lässt sie Rapunzels Haar abschneiden und
schickt das Mädchen in die Wüste. Dann wartet sie auf den Königssohn, lässt ihn an Rapunzels abgeschnittenem Haar heraufklettern
und beleidigt ihn so sehr, dass er traurig vom Turm springt und in
einem Dornengestrüpp landet, in dem er sich die Augen ausstiegt.
Dann irrt er blind durch die Welt, bis er in die Wüste kommt und
auf Rapunzel trifft. Als ihre Tränen auf seine Augen fallen, kann er
wieder sehen und die beiden leben glücklich zusammen.

Verdrehung: Aus Rapunzel wird ein Skinhead mit kurzen, grünen
Haaren, aus dem Königssohn wird das Nachbarmädchen und aus
der bösen Zauberin eine Lehrerin.

Beispiel 1: Rapunzel heißt die dumme Kuh
Es war einmal eine junge Frau, die in einen reichen Mann verliebt war
und ihn schließlich heiratete. Die Feier war hinreißend. Alles war weiß
und rosa, nur der reiche Mann trug einen schwarzen Anzug. Sie zogen in
eine große Villa und lebten glücklich und zufrieden. Doch dies ist nicht
das Ende der Geschichte! Bald wurde die Frau schwanger, während ihr
Mann plötzlich seinen Job verlor, so dass das Paar in ein kleines Haus
ziehen musste. Dieses grenzte an den Garten einer strengen Lehrerin.
Inzwischen waren der Mann und die Frau so arm geworden, dass sie
die Salatsorte »Rapunzel« aus dem Garten der Lehrerin stehlen mussten. Einmal erwischte die strenge Dame sie dabei und sie schlossen
ein Abkommen: Die Frau durfte soviel Rapunzel essen, wie sie wollte,
wenn ihr Kind später auf die Schule der Lehrerin kommen und den Namen
»Rapunzel« tragen würde. Und so kam es. Rapunzel wuchs als fröhliches
Mädchen auf, das alle Menschen nett fanden. Sie spielte mit den Tieren
und schrieb gute Noten. Doch dann kam sie aufs Gymnasium in die
Klasse der strengen Nachbarslehrerin. Alles war schön und gut, bis einer

der türkischen Jungen sich in Rapunzel verliebte! Nach dem Schema »Was sich neckt, das liebt sich« fing er an, sie zu ärgern. Er spottete hier ein bisschen, lästerte da ein wenig und kam schließlich auf ihren Namen zu sprechen: »Rapunzel heißt die dumme Kuh, haha! So ein bescheuerter Name!« Die Klasse nahm das als Anstoß und begann, das Mädchen damit aufzuziehen. Das war das erste Mal, dass sie ausrastete. Von da an wurde es nur noch schlimmer. Rapunzel hasste alle Ausländer, da der Türke, der mit der Spöttelei begonnen hatte, Ausländer war. Sie färbte sich die Haare grün und schnitt sie kurz, trug Springerstiefel und verprügelte regelmäßig andere Kinder. Nur eine einzige Freundin hatte sie noch: die Tochter ihrer strengen Lehrerin. Diese mochte ihre Mutter nicht besonders und half Rapunzel mit einer Strickleiter aus den verschlossenen Räumen, in denen sie Strafarbeiten erledigen musste. Die strenge Lehrerin bemerkte es nie. Dafür aber irgendjemand anderes ... Als Rapunzel wieder mal von ihrer Freundin aus einem Klassenraum gerettet wurde und in den Park hinüberging, wurde sie beobachtet. Ein Junge hatte sich hinter einer Mülltonne versteckt. Er sah zu, wie das Mädchen ungefähr eine Stunde später zurück in den Raum kletterte. Indessen hatte auch die Lehrerin bemerkt, dass Rapunzel sich vor der Strafarbeit gedrückt hatte. Dabei hatte sie ihre eigene Tochter im Verdacht, eine Mitschuld zu tragen. Um diese zu überlisten, ließ sie Rapunzel scheinbar abermals nachsitzen, schickte sie jedoch stattdessen nach Hause. Der Junge wollte unbedingt mit ihr reden, die Nachsitzstunden schienen ihm die geeignete Zeit zu sein. Deshalb stieg er an diesem schicksalsvollen Nachmittag an einer Strickleiter hinauf in den Klassenraum. Aber dort stand nur die Lehrerin, die in Erwartung ihrer Tochter wütend mit dem Fuß auf den Boden klopfte. Der Junge erschrak dermaßen, dass er rückwärts von der Leiter fiel und mit dem Kopf auf den Boden schlug. Alles um ihn herum wurde schwarz. In diesem Moment bog Rapunzel um die Ecke, die eigentlich ihre Freundin warnen wollte, sah den Jungen und begriff sofort. Sie stürzte zu ihm und strich ihm die langen Haare aus dem Gesicht. Es war Liebe auf den ersten Blick. Rapunzel nahm den Kopf des Jungen auf den Schoß und in dem Moment, in dem er aufwachte, küsste sie ihn mitten auf den Mund. Er erwiderte den Kuss, die Lehrerin wurde nett und Rapunzel wieder wie früher. Und wenn sie nicht gestorben sind, dann leben sie noch heute.

(Charly, 12 Jahre)

Märchensprengung

Die Sprengung eines Märchens ist ganz einfach. Man nimmt alle
Personen, Orte und Handlungen, die in einem Märchen vorhanden
sind, und fügt ein einziges neues, verrücktes Detail hinzu. Dann
erzählt man das Märchen mit diesem verrückten Detail neu. Dazu
sucht man sich am besten wieder ein bekanntes Märchen aus und
notiert alle Personen, Orte und Handlungen, die darin vorkommen.
Dann schreibt man das erste Wort, das einem einfällt, beispielsweise
Krokodil, ebenfalls auf das Blatt. Und schon ist man in ganz schönen Schwierigkeiten, weil man nun in seinem Märchen erklären
muss, wie das Krokodil zu Hänsel und Gretel kommt, ob sie es an
der Leine durch den Wald führen und was die böse Hexe mit dem
Krokodil macht. Also lauter spannende Fragen, die durch das neu
hinzugefügte Wort beantwortet werden müssen. Und weil dieses eine
Wort das ganze Märchen wie eine kleine Bombe sprengt und alles
durcheinanderwirbelt, wird dieses Wort in den folgenden Übungen
als Sprengsatz bezeichnet. Da man mit der Zeit aber immer klüger
wird und dann vielleicht, wenn man sich ein Märchen ausgesucht
hat, nur noch die Worte notiert, die einfach einzubauen sind, kann
man auch hier wieder einen Zettelhaufen anfertigen. Auf den Zetteln
stehen Worte, die zunächst nichts mit Märchen zu tun haben, wie
beispielsweise Hubschrauber, Giraffe, Maus, Schule, Schwimmbad
und so weiter. Hat man das Märchen gewählt, das man neu schreiben
möchte, zieht man einen Zettel aus diesem Haufen und muss versuchen, das, was auf dem Zettel steht, ins Märchen einzubauen. In einer
Gruppe kann man auch so vorgehen, dass jeder ein Märchen wählt,
den anderen in der Gruppe aber nicht verrät, welches er gewählt hat.
Dann gibt der Nachbar ein Stichwort, das in der Regel nichts mit dem
Märchen zu tun hat, weil er ja nicht weiß, welches gewählt wurde,
und dann nimmt man dieses Wort und schreibt damit aus dem alten
ein neues Märchen. Da aber nicht immer und sofort Mitschreibende
da sind und man vielleicht noch keinen Zettelhaufen angefertigt hat,
hier ein paar Beispiele, mit denen man anfangen kann.

Übungen 1–4

1. Übung: *Die Sterntaler*

Personen: ein armes Waisenmädchen, ein armer Mann, drei ebenfalls arme und frierende Kinder

Orte: Feld, Wald, Himmel

Handlung: Ein armes Waisenmädchen, das nur noch die Kleider am Leib und ein Stück Brot hat, geht aufs Feld, wo es aus Mitleid seine Kleider und das Brot an andere arme Kinder und einen armen Mann verschenkt. Und als es gar nichts mehr hat, fallen plötzlich die Sterne vom Himmel und werden zu Talern und das Kind hat wieder ein Hemdchen an.

Sprengsatz: Olivenbaum

Beispiel 1

Als es Abend wurde, lief Helena, ein armes Waisenmädchen, von zu Hause weg. Seit sie gestern ihre Eltern versteinert auf einer Straße in Athen gefunden hatte, hatte sie beschlossen wegzugehen, da sie kein Geld mehr hatte und niemand mehr für sie sorgen konnte. Sie zog einen Mantel an, nahm ein Stück Brot und ging hinaus. Als sie am Rand der Stadt ankam, traf sie einen armen Bettler, der sie bat, ihm ein wenig zu essen zu geben. Da gab sie ihm das Brot. Danach kam sie aus der Stadt auf einen Feldweg. Auf einmal erblickte sie zwei arme Kinder, die nichts anhatten und froren. Aus Mitleid mit den beiden ging sie zu ihnen, gab dem einen ihren Mantel und dem anderen ihre Toga. Nur noch mit ihrer Tunika bekleidet, ging sie weiter und kam zu einer Kreuzung, an der ein halb erfrorenes Mädchen lag und sie anflehte, ihr Kleidung zu geben. Und da Nacht war und niemand sie sehen würde, gab sie dem Mädchen ihre Tunika und lief selbst nackt weiter. Irgendwann musste sie eine Pause einlegen und lehnte sich an einen Olivenbaum, der am Wegrand wuchs. Sie sah in den Himmel und dachte an ihren Vater und ihre Mutter. Da merkte Helena, wie feuchte Tränen über ihre Wangen flossen. Sie schloss die Augen. Als sie spürte, wie der Wind auffrischte, öffnete sie die Augen wieder, blickte an sich herunter und sah dort eine neue Tunika. Als sie durch die Zweige des Olivenbaums in den Himmel blickte, wurde sie von den leuchtenden Sternen geblendet. Doch als sie genauer hinsah, waren es Goldtaler, die vom Himmel fielen.

(Tamim, 14 Jahre)

2. *Übung: Der süße Brei*

Personen: ein Mädchen, seine Mutter, eine alte Frau

Orte: Haus, Stadt

Handlung: Ein Zaubertopf, der auf Befehl so viel Brei kocht, wie man will, und nur auf Befehl wieder damit aufhört, kocht eines Tages über, so dass die ganze Stadt unter Brei begraben wird.

Sprengsatz: Bankräuber

Beispiel 1

Nachdem der Topf immer mehr Brei gekocht hatte, begann dieser erst das ganze Haus auszufüllen und sich dann auf der Straße auszubreiten. Unaufhaltsam floss der Brei durch die Straßen und legte den Verkehr lahm. Menschen waren in ihren Häusern eingeschlossen, auch die Polizei in der Polizeistation, so dass sie, als die Alarmanlage einer Bank bei ihnen losging, nicht ausrücken konnten, um die Bankräuber zu verhaften. Aber auch die Bankräuber konnten die Bank nicht verlassen, und glücklicherweise war der Bankdirektor, den die Räuber nicht entdeckt hatten, auf die Idee gekommen, die Feuerwehr zu rufen. Die Feuerwehr spritze viel Wasser zu dem Brei, der dann so flüssig wurde, dass man die Straßen, auch wenn sie ein wenig schlammig waren, wieder befahren konnte, so dass die Bankräuber schließlich von der Feuerwehr gefangen genommen und ins Gefängnis gebracht wurden. Und den Topf zerschlug man.

(Manuela, 14 Jahre)

3. *Übung: Der Hase und der Igel*

Personen: ein Hase, ein Igel, die Frau des Igels

Orte: Acker

Handlung: Es geht um ein Wettrennen zwischen Hase und Igel und eine goldene Münze als Gewinn. Der Igel betrügt und gewinnt immer. Und weil der Hase nicht versteht, warum er immer verliert, will er stets neu rennen, bis er beim vierundsiebzigsten Rennen tot zusammenbricht.

Sprengsatz: Müsliriegel

Beispiel 1

Eines Morgens kam der Igel schläfrig aus seinem Haus. Er streckte sich und gähnte. Da kam der Hase vorbeigejoggt. »Hallo Igel«, sagte er, »na, immer noch so müde? Aber du bist ja auch nicht so fit wie ich.« »Ich bin sehr wohl fit«, brummte der Igel. »Ach, ja?« »Ja!« »Aber besser als ich bist du nicht«, spottete der Hase. »Das kannst du doch gar nicht wissen«, sagte der Igel herausfordernd. Da lachte der Hase: »Gut, dann lass es uns herausfinden.« Der Igel nickte zustimmend. Kurz darauf kam die Frau des Igels aus dem Haus. »Worüber streitet ihr euch?«, fragte sie. »Wir werden einen Wettkampf machen«, lachte der Hase. Da sagte die Frau des Igels: »Ich werde mir drei Wettkämpfe ausdenken, die ihr beide gewinnen könnt.« »Selbst wenn deine Frau sich die Wettkämpfe ausdenkt, werde ich gewinnen«, sagte der Hase und joggte weiter. »Bis heute Mittag«, rief er über die Schulter. »Am Acker«, rief die Frau des Igels zurück. »So, ich werde mich jetzt in die Küche setzen und mir die Wettkämpfe ausdenken«, sagte sie zu ihrem Mann und verschwand im Haus. Am Mittag trafen sich alle am Acker: der Hase in einem Jogginganzug, der Igel in einer bequemen Hose, und die Frau des Igels in einem schönen Kleid und bewaffnet mit einem Blatt Papier. »Wir beginnen mit der ersten Disziplin«, verkündete die Frau des Igels. »Seht ihr den Hügel da hinten?« Beide nickten. »Den müsst ihr hoch. Wenn ihr beide oben seid, dann gebe ich ein Startsignal mit dieser Pfeife.« Sie hob die Pfeife in ihrer Hand. »Nach dem Startsignal müsst ihr so schnell wie möglich den Hügel runter. Wer zuerst die Ziellinie passiert, hat gewonnen.« Beide stiegen den Hügel hinauf. Oben angekommen, stellten sie sich beide in Startposition. Der Pfiff erklang, der Hase rannte los. Allerdings konnte man den Hügel nicht sehr schnell herunterrennen, weil er sehr steil war. Der Igel lief ein Stück herunter, rollte sich dann zusammen und kullerte in einer unvorstellbaren Geschwindigkeit den Hügel hinunter. Kurz vor der Ziellinie rollte er sich wieder auseinander und überquerte nach nur ein paar Schritten als Erster die Ziellinie. Er jubelte. »Du hast geschummelt«, brummte der Hase empört. »Nein, habe ich nicht«, entgegnete der Igel, »meine Frau hat nicht gesagt, wie wir runterkommen sollen.« Der Hase ärgerte sich. »Nun zur zweiten Disziplin«, sprach die Frau des Igels. »Fahrradfahren.« Beim Fahrradfahren schlug der Hase den Igel haushoch. Er funkelte ihn überheblich an. »Und nun die dritte und letzte Disziplin«, sprach die Frau des Igels. »Da vorne habe ich zwei Haufen Müsliriegel hingelegt, und ihr müsst so viele davon, wie ihr könnt, vom Boden aufheben und behalten.« Sie gab das Startsignal. Der Hase fing an, die Müsliriegel in seinem Arm zu stapeln. Der Igel hingegen nahm die Müsliriegel, spießte sie auf seine Stacheln und nahm den Rest in die Hand. Der Hase schaffte nicht einmal die Hälfte. »Gewonnen«, rief der Igel. Niedergeschlagen musste ihm der Hase recht geben. »Komm, mach dir nichts draus«, sagt der Igel. »Iss mit uns zu Abend«, bat ihn die Frau des Igels. Und so hatte der Hase gelernt, nicht mehr so überheblich zu sein.

(Nina, 13 Jahre)

4. *Übung: Der Teufel und seine Großmutter*

Personen: drei Soldaten, ein feindliches Heer, ein Drache, der Teufel, die Großmutter des Teufels

Orte: Feld

Handlung: Drei Soldaten wollen fliehen, werden aber in einem Kornfeld von den Feinden umzingelt. Ein Drache trägt sie heraus, und der Teufel gibt ihnen eine Peitsche, mit der sie bei jedem Peitschenschlag Geld zaubern können. Die Peitsche dürfen sie aber nur behalten, wenn sie ein Rätsel lösen, wobei ihnen die Großmutter des Teufels hilft.

Sprengsatz: Popmusik

Beispiel 1

Es waren einmal drei Soldaten, die versuchten, vor einem feindlichen Heer zu fliehen. Doch nach einiger Zeit wurden sie müde und wurden von ihren Feinden in einem Kornfeld umzingelt. Die drei Soldaten waren erschöpft und konnten keinen Widerstand mehr leisten. So hofften sie auf ein Wunder. Und die Hoffnung wurde wahr, denn einer der Soldaten sah einen Drachen auf sie zufliegen. Nur kurze Zeit später war der Drache da und schreckte die Feinde zurück. Die drei Soldaten sprangen sofort auf den Drachen und flohen. Doch einer der Feinde konnte den Drachen beim Davonfliegen noch mit einem Schwert stark verletzen. Damit hatten die Soldaten Unglück im Glück, denn mit der Verwundung konnte der Drache die drei Soldaten nicht weiter befördern und musste sie in einem Wald wieder absetzen. Da kam der Teufel zu den Soldaten und gab ihnen eine Peitsche, die sie aber nur behalten durften, sofern sie es schaffen würden, ein Rätsel zu lösen, das sie von der Großmutter des Teufels gestellt bekommen würden. Dafür mussten die Soldaten die Großmutter aber erst einmal finden. So machten sie sich auf die Suche nach ihr. Nach längerer Zeit der Wanderung und Suche hörten sie plötzlich Opernmusik, die aus einer halb zerstörten Hütte kam. Und in der Hütte befand sich, nun hatten sie Glück im Unglück, die Großmutter. Die Soldaten waren sehr froh darüber und fragten aufgeregt nach dem Rätsel. Die Großmutter wusste sofort, wovon sie sprachen, und stellte ihnen das Rätsel. Das Rätsel war sehr schwer und kniffelig, aber die Soldaten schafften es und durften die Peitsche behalten.

(Ramtin, 14 Jahre)

Märchen mit der Blaupause

Die meisten bekannten Märchen spielen ja in der Vergangenheit, also in einer Welt, die uns heute vielleicht ein wenig fremd und seltsam vorkommt. Deswegen wollen wir mal sehen, was passiert, wenn wir die Märchen in unsere Zeit transportieren. Wie würden sich Hexen, Zauberer, Magier, Könige und Königskinder heute verhalten? Was würde passieren, wenn Hänsel und Gretel in die Schule gehen müssten? Wie würde der Wald, in den sie heute gehen, aussehen? Gibt es so etwas wie Hexen und Zauberer überhaupt noch? Nennt man sie noch so, oder wie heißen sie heute? Und hätten sie heute noch immer dieselbe Macht wie in den Märchen der Vergangenheit? Um das herauszufinden, braucht man Phantasie, ein wenig Nachdenken, ein Blatt Papier, einen Stift und eine Blaupause. Mit einer Blaupause, die so heißt, weil sie früher vorwiegend blau war, kann man beispielsweise eine Vorlage aus einem Buch abpausen. Und wie man eine Zeichnung oder ein Bild abpausen und danach verändern kann, kann man auch ein Märchen abpausen und so verändern, dass daraus ein neues Märchen wird, das in der heutigen Zeit spielt, also ein modernes Märchen. Und weil es am Anfang nicht leicht ist, eine Blaupause anzufertigen, hier zunächst ein paar Beispiele.

Übungen 1–4

1. Übung: Hänsel und Gretel

Kurzfassung: Hänsel und Gretel sind die Kinder eines armen Holzfällerehepaares. Als diese nichts mehr zu essen haben, beschließen sie, ihre Kinder nach der Arbeit im Wald zurückzulassen. Einmal finden die Kinder nach Hause zurück, beim zweiten Mal verirren sie sich im Wald und stehen irgendwann vor einem Häuschen aus Brot, Kuchen und Zucker, von dem sie essen, weil sie sehr hungrig sind. In dem Haus lebt aber eine böse Hexe, die Hänsel einsperrt und fett füttert, um ihn später selbst zu essen. Gretel hingegen muss für die Hexe arbeiten. Als es so weit ist und die Hexe Hänsel essen will, heizt sie den Ofen an, in dem sie Hänsel braten will. Um zu sehen, ob der Ofen schon warm genug ist, steckt die Hexe den Kopf hinein. In diesem Moment stößt Gretel sie in den Ofen und macht die Klappe zu. Dann nehmen die Kinder die Schätze und gehen nach Hause.

Blaupause: Zwei Kinder können von ihren Eltern nicht mehr ernährt werden und werden weggegeben. Eine böse Frau nimmt sie zu sich und lässt sie für sich arbeiten. Aber die Kinder wissen sich zu wehren und können fliehen. Dabei nehmen sie alle Wertsachen der Frau mit und kehren nach Hause zurück, wo sie in Zukunft gut leben können.

Beispiel 1
Hänsel und Gretel sind Kinder einer Familie, die Hartz IV erhält. Als diese sich von ihrem wenigen Geld etwas zu essen kaufen wollen, verlaufen sie sich in der Hansestadt Hamburg und geraten in das durch Verbrechen bekannte Viertel St. Pauli. Sie betreten einen heruntergekommenen Supermarkt, in dem niemand zu sein scheint. Sie nehmen so viele Lebensmittel und Getränke, wie sie können. Als sie den Supermarkt verlassen wollen, ertönt plötzlich ein Alarm, und der Ladeninhaber steht vor ihnen. Am folgenden Tag liegt eine Anklage wegen Diebstahls gegen sie vor. Die Kinder erklären ihren Eltern, dass sie dachten, der Laden stünde frei und wäre unbewohnt. Da sie zu wenig Geld in der Familienkasse haben, können sie sich keinen Anwalt nehmen. Auf Hänsel und Gretel warten als Strafe, wenn sie verurteilt werden, viele Sozialstunden und Sozialarbeit. Aber sie wollen versuchen, auf irgendeine Art ihre Unschuld zu beweisen. Am nächsten Tag finden sie einen Geldbeutel. Alles scheint gerettet zu sein. Doch nun haben sie die Qual der Wahl: Entweder sie bezahlen mit dem Geld einen Anwalt, oder sie bringen es auf eine Polizeistation. Schließlich entscheiden sie sich für Letzteres und beweisen damit, dass sie keine Diebe sind. Daraufhin wird die Anklage gegen sie fallengelassen, was die Familie sichtlich erleichtert.

(Jakob, 14 Jahre)

2. Übung: Schneewittchen
Kurzfassung: Eine schöne Königin sitzt an einem Wintertag am Fenster und näht. Dabei sticht sie sich mit der Nadel in den Finger. Als sie das Blut auf dem Schnee sieht, denkt sie: »Hätte ich ein Kind, die Haut so weiß wie Schnee, die Lippen so rot wie Blut und die Haare so schwarz wie Ebenholz.« Und sie bekommt genau so ein Kind und nennt es Schneewittchen. Aber kurz nach der Geburt stirbt die Frau, und Schneewittchen bekommt eine böse Stiefmutter, die selbst die schönste Frau sein will, weswegen sie einen Jäger beauftragt, das

schöne Kind umzubringen. Der Jäger aber hat Mitleid und rettet das Mädchen. Schneewittchen landet bei den sieben Zwergen, bei denen es wohnen darf. Als die böse Stiefmutter davon erfährt, versucht sie mehrfach, Schneewittchen umzubringen, zuletzt mit einem vergifteten Apfel, den Schneewittchen isst, woraufhin es in einen tiefen Schlaf fällt. Als man es in einem Sarg auf das Schloss eines Königssohns trägt, der sich in das schlafende Mädchen verliebt hat, löst sich der giftige Apfel, der nur im Hals gesteckt hat, Schneewittchen erwacht und heiratet den Königssohn. Auf dem Hochzeitsfest wird die Stiefmutter in glühende Schuhe gesteckt, in denen sie so lange tanzen muss, bis sie tot umfällt.

Blaupause: Eine weniger schöne Frau beneidet ein schönes Mädchen und sieht in ihr eine Konkurrenz. Und weil sie das nicht erträgt, möchte sie das Mädchen verschwinden lassen. Der Mann, den sie damit beauftragt, das schöne Mädchen verschwinden zu lassen, hat aber Mitleid und bringt das Kind in Sicherheit. Die weniger schöne Frau versucht mehrere Male, das Mädchen umzubringen, und fast gelingt es ihr auch, aber wieder wird das schöne Mädchen von einem schönen Mann gerettet und die weniger schöne Frau bestraft.

Beispiel 1

Es war einmal eine schöne Königin mit einem reichen Königsmann. Die Königin wurde eines Wintertages von ihrem Butler James zum Shopping nach New York gefahren. Als sie eine Straße überquerte, obwohl die Ampel rot war, wurde sie von einem Auto angefahren. Da ihr Butler James zum Glück in der Nähe war und den Unfall mitbekam, konnte er schnell im Krankenhaus anrufen. Während die Königin auf dem Boden im Schnee lag, dachte sie: »Hätte ich ein Kind, die Haut so weiß wie Schnee, die Lippen so rot wie mein Blut, und die Haare so schwarz wie das Auto, das mich angefahren hat.« Und genau so ein Kind bekam sie, nachdem sie wieder gesund war. Sie nannte es »Schneewittchen«. Kurz darauf starb die schöne Königin an einem Herzinfarkt, und Schneewittchen bekam eine hässliche und böse Stiefmutter, die eifersüchtig auf Schneewittchen war, weswegen sie einen Mann damit beauftragte, Schneewittchen zu entführen und zu töten. Der Mann aber bekam Mitleid und setzte Schneewittchen lediglich auf der Weihnachtsinsel aus. Dort lebte es mit den Ureinwohnern. Eines Tages saß die neue Königin auf ihrem Sofa und sah auf ihrem riesigen Plasmabildschirm eine Reportage über die Ureinwohner, unter denen Schneewittchen lebte. Daraufhin flog sie persönlich auf die Weihnachtsinsel, verkleidete sich und versuchte Schneewittchen zu erwürgen. Doch Schneewittchen war nicht nur noch schöner geworden, sondern auch stärker, so dass die Stiefmutter es nicht erwürgen konnte. Dann versuchte die böse Königin, Schneewittchen eine giftige Frucht anzudrehen. Schneewittchen war zwar misstrauisch, aber die Stiefmutter überredete es, die Frucht zu essen. Als man Schneewittchen danach auf dem Boden liegen sah, hielt man es für tot, und die Ureinwohner wollten es in den nächsten Tagen beerdigen. Logan Lerman, bekannt als Percy Jackson, sah, als er auf der Insel war, dass die Ureinwohner ein Mädchen vergraben wollten. Da behauptete er, dass das Mädchen noch lebe. Er holte einen Helikopter und flog mit dem Mädchen zurück nach Amerika, wo er es in ein Krankenhaus brachte. Schneewittchen erwachte wieder, und die Stiefmutter musste lebenslang als Putzfrau arbeiten. Logan und Schneewittchen aber blieben für immer zusammen.

(Rakkeyaa, 13 Jahre)

3. Übung: Das tapfere Schneiderlein

Kurzfassung: Ein armer Schneider, der beim Essen von Fliegen gestört wird, schlägt mit einem Gürtel nach ihnen und tötet sieben Fliegen. Nun erzählt er überall herum, dass er sieben auf einen Streich getötet hat. Und weil er nichts von Fliegen sagt, halten ihn alle für einen Helden, der sieben Männer auf einen Schlag töten kann. Ein König, der davon hört, beauftragt den Schneider, ihn und sein Land von zwei grausamen Riesen zu befreien, und verspricht ihm dafür die Hand seiner Tochter. Durch eine List gelingt es dem Schneider, die Riesen zu besiegen. Aber der König will noch mehr Beweise und lässt den armen Schneider gegen ein Einhorn und ein schreckliches Wildschwein kämpfen. Nachdem der Schneider auch die besiegt hat, gibt der König ihm seine Tochter zur Frau.

Blaupause: Ein armer Mann übertreibt beim Erzählen von einer Heldentat ein wenig. Daraufhin bekommt er drei Aufträge, die eigentlich über seine Kräfte gehen. Der Mann ist zwar nicht besonders stark, aber dafür sehr klug, so dass er schließlich alle Aufträge erledigen kann. Als Belohnung darf er die schöne Tochter seines Auftraggebers heiraten.

Beispiel 1
Der junge Günther ging eines Tages in eine Bar. Dort setzte er sich neben eine hübsche, junge Frau und sie kamen ins Gespräch. Nachdem sie eine Weile miteinander geredet hatten, erzählte die Frau, dass sie ein

Medizinstudium absolviert habe. Günther hatte dagegen lediglich einen Hauptschulabschluss und noch nie gearbeitet. Dennoch behauptete er, er habe ein Eins-Nuller-Abitur und Architektur studiert. Das hörte ausgerechnet der Leiter einer Architekturfirma, der Günther daraufhin fragte, ob er Interesse an einem Posten in seiner Firma habe. Günther sagte zu, weil die Frau ja sonst gemerkt hätte, dass er gelogen hatte. So kam es, dass Günther schon bald seinen ersten Auftrag bekam. Da er aber keine Ahnung hatte, was er machen sollte, zeichnete er einfach auf gut Glück los. Als das Haus fertig war, war es krumm und schief. Doch der Firmenleiter war begeistert und meinte, dass sei »moderne Architektur«, und Günther habe das gewisse Etwas, das die Firma gut brauchen könne. Der Firmenleiter sagte zu Günther, dass er sein Nachfolger werden solle, weil er einfach einen guten Riecher habe. Drei Jahre später ging der alte Firmenleiter in Rente, und Günther übernahm seinen Platz.

(Florian, 13 Jahre)

4. Übung: *Die sechs Schwäne*

Kurzfassung: Ein König, der sich bei der Jagd im Wald verirrt hat, lässt sich von einer Hexe den Weg zeigen. Dafür zwingt die Hexe ihn, ihre Hexentochter zu heiraten. Um seine sechs Söhne vor der Hexe zu beschützen, bringt der König sie in ein verstecktes Schloss, zu dem nur er den Weg mit Hilfe eines Zaubergarns findet. Als die Hexentochter das herausfindet, näht sie aus dem Garn Zauberhemden, mit deren Hilfe sie die Söhne in Schwäne verwandelt. Als die Schwester der verwunschenen Jungen durch den Wald wandert, trifft sie einen ihrer Brüder, die täglich für eine Viertelstunde ihre Schwanenhaut ablegen können. Um sie von dem Fluch zu erlösen, darf sie sechs Jahre nicht sprechen und nicht lachen, was sie einhält. Allerdings heiratet sie einen König, dessen Mutter sie auf dem Scheiterhaufen verbrennen lassen will. Sechs Schwäne kommen und retten sie. Die Schwiegermutter verbrennt auf dem Scheiterhaufen.

Blaupause: Ein Mann hat sich mit bösen Männern eingelassen, die seine Söhne bedrohen. Obwohl er versucht, die Söhne in Sicherheit zu bringen, werden sie gefunden. Die Tochter des Mannes versucht ihren Brüdern zu helfen, gerät dabei aber selbst in Gefahr. Als sie sogar getötet werden soll, kommen allerdings die Brüder, befreien ihre Schwester und besiegen die bösen Männer.

Beispiel 1

Eines Tages bekam der Gouverneur Konstantin einen Drohbrief. In ihm
stand, dass seine Söhne entführt würden, sollte er nicht innerhalb von
zwei Stunden eine Millionen Euro bezahlen. Konstantin war verzweifelt.
Sofort befahl er, seine Söhne in Sicherheit zu bringen; und zwar mittels
eines Zeugenschutzprogramms. Die Polizei brachte alle sechs Söhne
nach Uppsala in Schweden. Leider vergaß der Gouverneur in dem Tumult
seine Tochter. Die aber wollte ihre Brüder schützen und reise ihnen nach.
Doch die Mafiosi, die den Drohbrief geschrieben hatten, ließen das Haus
überwachen und erfuhren so den Ort, an dem sich alle aufhielten. In der
Nacht brachen sie ein und entführten die sechs Brüder. Am nächsten
Tag stellte die Schwester fest, dass alle Brüder verschwunden waren.
Sie begann zu ermitteln und geriet in die Hände der Entführer. Dort
verbrachte sie viele Nächte, bis der Vater, dem nun befohlen wurde,
zwei Millionen Euro abzuliefern, das Geld brachte. Die Söhne wurden frei
gelassen, die Tochter nicht. Sie verbrachte weitere Nächte alleine. Die
Brüder aber schmiedeten einen Befreiungsplan, weil sie Angst hatten,
ihre Schwester könnte getötet werden. Unter großen Mühen gelang es
ihnen, ihre Schwester zu befreien. Sie riefen die Polizei, die Mafiosi
wurden verhaftet und sitzen bis heute im Gefängnis.

(Alisha, 14 Jahre)

Das Propp'sche Märchen

Vladimir Propp war ein Russe, der russische Märchen untersucht
und einunddreißig Merkmale herausgefunden hat, die ein Märchen
ausmachen. Die hat er aufgelistet und beschrieben. Damit hat er ein
Schema erstellt, wie Märchen funktionieren. Dann hat er für jedes
Merkmal eine Karte angefertigt. Daraus wurden die Propp'schen
Karten, mit denen man Märchen schreiben kann. Weil aber einunddreißig Karten ziemlich viel sind und auch nicht jedes Märchen alle
Merkmale aufweist, habe ich im Folgenden eine gekürzte Liste mit
nur zwölf Merkmalen erstellt. Wenn du magst, kannst du dir nun
deine eigenen Märchenkarten herstellen. Das geht ganz leicht. Du
nimmst zwölf Karteikarten oder Karten, die du dir selbst zurechtge-
schnitten hast, und beschriftest jeweils eine Karte mit einem Merkmal aus der Liste. Nun kannst du dir entweder Karten aussuchen, die
dich interessieren und zu denen dir eine Geschichte einfällt, oder du
mischst die Karten, legst sie verdeckt hin und ziehst so lange Karten,

bis du glaubst, genug Merkmale für dein Märchen zusammenzuhaben. Dann schreibst du ein Märchen, in dem die Merkmale, die auf den Karten stehen, vorkommen.

Kurzliste der Merkmale eines Märchens:
1. Verbot und Verstoß
2. Mitwisserschaft und Verrat
3. Schädigung
4. Aufbruch des Helden
5. Bereitstellung eines Zaubermittels
6. Kampf zwischen Held und Gegenspieler
7. Sieg des Helden
8. Verfolgung des Helden durch den Gegenspieler
9. Rettung des Helden
10. Belohnung des Helden
11. Bestrafung des Gegenspielers
12. Glückliches Ende

Beispiel 1: Namenloser
Verwendete Karten: Aufbruch des Helden, Kampf zwischen Held und Gegenspieler, Glückliches Ende
Eigenes Märchen: Wie jeden zweiten Sonntag im Monat gingen ich, Bob, und mein Freund Rick zu den Fliegenfeldern Fliegen fischen. Schon seit drei Jahren waren wir auf der Suche nach der blauen Fliege ohne Namen. »Namenloser« hatten wir ihn getauft. Er, es war eine männliche Fliege, war groß, gutaussehend und echt beliebt bei den weiblichen Fliegen. Obwohl er nur eine kleine Fliege war, konnte er echt schnell fliegen. Ich und Rick suchten wie immer mit unserer speziell angefertigten Fliegenfischerausrüstung den Namenlosen. Doch dieser Tag war anders als sonst. Die Fliegenfelder waren still und nur ein kleines Summen war zu hören. Oh, nein, da war er! Langsam flog er auf mich und Rick zu. Das Summen verstärkte sich. Jetzt stand er mir gegenüber, doch wir waren zwanzig Meter voneinander entfernt. Trotzdem sah er groß aus. Plötzlich flog er schnell auf mich zu und es kam zum Kampf. Fliege versus Fliegenklatsche. Ich holte aus, doch er wich zurück. Es dauerte fünf Stunden. Ich glaubte, dieses Mal würde ich als Sieger aus dem Kampf hervorgehen, doch wie immer war er es. Hätten wir nur noch eine Minute länger gekämpft, wäre ich der Sieger gewesen. Doch dazu kam es nicht. Wieder ein erfolgloser Tag. Aber ich hatte das Gefühl, dass es beim nächsten Mal vielleicht klappen könnte.   (Luisa, 14 Jahre)

Beispiel 2
Verwendete Karten: Schädigung, Bereitstellung eines Zaubermittels,
Bestrafung des Gegenspielers
Eigenes Märchen: Es war einmal vor langer Zeit in einem fernen Land,
in dem ein Drache sein Unwesen trieb. Er zog von Stadt zu Stadt und
forderte von jedem Bürger einer Stadt das erstgeborene Kind. Diese
Kinder nahm er mit sich in seine Höhle tief in den Bergen und aß sie
nacheinander auf. Jedes Mal, wenn der Drache eine Stadt verließ, hin-
terließ er eine Spur der Zerstörung. Eines Tages kam er zu einem kleinen
Dorf, nahe an einem Fluss gelegen. Dort stand, entfernt von den anderen
Häusern, eine Hütte, in der eine alte Frau, ein alter Mann und deren
Enkelin wohnten. Die Enkelin war schwanger und so geschah es, dass
sie, zwei Nächte bevor der Drache kam, ihr Kind gebar. Am nächsten Tag
hörte sie, als sie auf dem Markt einkaufte, wie die Leute davon sprachen,
dass der Drache auf dem Weg zu ihnen sein. Die Enkelin namens Serafin
wollte auf keinen Fall ihren erstgeborenen Sohn verlieren und machte
sich schnell auf den Weg zu einer Hexe, die eigentlich von allen verachtet
wurde. Aber Serafins Not war so groß, dass sie keine andere Möglichkeit
mehr wusste. Die Hexe mixte ihr einen Trank und gemeinsam planten sie,
den Drachen auszutricksen. Zu Hause setzte sich Serafin an die Arbeit.
Sie nähte und stickte die ganze Nacht. Am nächsten Morgen war es fertig:
eine Strohpuppe, verhüllt mit Schleiern. In ihrem ganzen Körper verteilt,
steckten mit dem Trank der Hexe durchtränkte Tücher. Am Mittag traf der
Drache in der Stadt ein und die auf dem Marktplatz versammelten Leute
bibberten vor Angst. Nachdem der Drache auf dem Platz gelandet war,
trat Serafin hervor und bat den Drachen, die Puppe zu fressen. Zuvor
hatte Serafin an den Hals des Drachen ein wenig Tierblut geschmiert,
so dass es aussah, als ob die Puppe erst vor kurzem gestorben sei. Der
Drache sah das Blut und sprang zu Serafin. In dem Moment, in dem
er der Puppe den Kopf abriss und anfing zu kauen, begann das Mittel
bereits zu wirken. Der Drache zerfiel zu Staub. Die Nachricht, dass der
Drache bezwungen war, verbreitete sich schnell im ganzen Land. Alle
feierten Serafin und die alte Hexe wie Heldinnen, und Serafin und sie
lebten glücklich zusammen bis zu ihrem Lebensende.

(Selina, 14 Jahre)

Dank

Mein Dank gilt den Kindern und Jugendlichen, die mich an ihrer Schreibwunderwelt teilnehmen ließen und mir ihre in jeder Hinsicht phantastischen Texte für dieses Buch zur Verfügung gestellt haben. Außerdem danke ich den Studierenden der Internationalen Hochschule Calw, die die Übungen an den unterschiedlichsten Schulen (Gymnasien, Haupt- und Realschulen, Grundschulen), in Kindertagesstätten, Heimen und im privaten Kontext durchgeführt haben. Außerdem danke ich den Lehrern des Ludwig-Georgs-Gymnasiums in Darmstadt für die freundliche Unterstützung.

Literatur

Cameron, J. (2003). Von der Kunst des Schreibens. Und der spielerischen Freude, die Worte fließen zu lassen. München: Droemer Knaur.

Erlach, D., Schurf B. (2000). Kurzprosa: Kreatives Schreiben und Textverstehen. Berlin: Cornelsen.

Fritzsche, J. (1989). Schreibwerkstatt. Aufgaben, Übungen, Spiele. Stuttgart: Klett.

Fry, S. (2008). Feigen, die fusseln. Entfessele den Dichter in dir. Berlin: Aufbau.

Grimms Märchen. Gesamtausgabe, Edition Dörfler. Eggolsheim: Nebel.

Hacke, A. (1993). Der kleine König Dezember. München: Kunstmann.

Heimes, S. (2010a). Künstlerische Therapien. Göttingen: Vandenhoeck & Ruprecht.

Heimes, S. (2010b). Schreib es dir von der Seele. Kreatives Schreiben leicht gemacht. Göttingen: Vandenhoeck & Ruprecht.

Heimes, S. (2008). Kreatives und therapeutisches Schreiben. Ein Arbeitsbuch. Göttingen: Vandenhoeck & Ruprecht.

Heimes, S. (1998). Schreiben als Selbstheilung? Ein Versuch über zwei Werke von Peter Handke mittels einer endo-/exopoetischen Untersuchung. Dissertation. Frankfurt a. M.

Kohl, E. M. (2005). Schreibspielräume. Freies und kreatives Schreiben mit Kindern. Seelze-Velber: Kallmeyer.

Lionni, L. (1967). Frederick. München: Middelhauve.

Lobe, M. (1972). Das kleine Ich bin ich. München: Jungbrunnen.

Maag, G. (2009). Nachts, im Mondschein, lag auf einem Ball. München: dtv.

Porombka, S., Kutzmutz, O. (2007). Erst lesen. Dann schreiben. 22 Autoren und ihre Lehrmeister. München: Luchterhand.

Propp, V. (1975). Morphologie des Märchens. Frankfurt a. M.: Suhrkamp.

Remmers, U., Warmbold, U. (2007a). ABC und Tintenklecks. Gedichte für Kinder. Stuttgart: Reclam.

Remmers, U., Warmbold, U. (2007b). Rätsel, Reim und Regenbogen. Gedichte für Kinder. Stuttgart: Reclam.

Remmers, U., Warmbold, U. (2004). Von der Erde bis zum Mond. Gedichte für Kinder. Stuttgart: Reclam.

Remmers, U., Warmbold, U. (2003). Ins Land der Fantasie. Gedichte für Kinder. Stuttgart: Reclam.

Rodari, G. (1992). Grammatik der Phantasie. Die Kunst, Geschichten zu erfinden. Stuttgart: Reclam.

Saint-Exupéry, A. de (1950). Der kleine Prinz. Düsseldorf: Karl Rauch.